算数授業研究シリーズ28

対話的な
算数授業に
変える

教師の
言語活動

全国算数授業研究会 企画・編集

東洋館出版社

算数授業における教師の言語活動
──子どもと教師の言葉で編む算数授業を実現するために

全国算数授業研究会会長　山本良和

算数の授業づくりと教師の言語活動

　「教師の言語活動」，おそらく多くの読者の皆様にとっては耳慣れない言葉であろう。今回この言葉を示した我々自身も，実は初めて使う言葉なのだから当然のことかもしれない。しかし，我々が「教師の言語活動」という耳慣れない言葉を用いたのにはそれなりのわけがある。

　その理由の一つに，いよいよ来年度から完全実施となる新学習指導要領の存在があげられる。そこでは授業理念として「主体的・対話的で深い学び」が示されているが，現実の算数授業で実現できるかどうかは，授業づくりに取り組む我々教師の姿勢や考えに因る。算数の授業観に変化が求められる今という時期だからこそ，改めて自分たちが行っている授業づくりという営みを振り返り，これから何を大事にしなければならないのかということを明確にすることが求められる。我々は，その観点として「教師の言語活動」に着目した。

　算数の授業を行う教師は，日々の算数授業を行うために，次の3つの場面でいろいろなことを検討し，自らの思いを巡らしている。1つ目は授業を設計する場面であり，2つ目は授業を実施している場面，そして，3つ目は授業終了後に授業分析を行う場面である。「主体的・対話的で深い学び」は，教師がこれら3つの場面でやるべきことをしっかりこなした上で実現されるものだと考えられる。そこで，以下にそれぞれの概要を示すことにする。

(1) 授業設計場面での教師の営み
○本時の目標を分析する
　まず初めに，本時の授業で子どもに指導する数学的に考える資質・能力を明

確にする。そして，授業中にその目標を達成する子どもの姿をなるべく具体的にイメージする。このとき，数学的用語のように教師が教えるべきことと，数学的な見方・考え方として子どもから引き出し価値づけていくことを明確に区別して目標設定することを意識しておきたい。また，本時で目指すべき学びに向かう力，即ち主体的に学習に取り組む態度と言える子どもの姿を具体的に設定しておくことも大事にしたい。

○教材設定を検討する

　本時の目標を実現するために，そして主体的・対話的な授業を実現するために必要となる教材を以下の観点から分析する。
・文章問題とするか，ゲームのような活動を取り入れるかという場の選択
・目標達成にふさわしい数値や図形の選定
・板書して示すか，具体物を提示するか，それともICTを活用するかといった教材の与え方や見せ方の選択

○授業展開の構想を立てる

　計画した教材が効果的に機能して本時の目標が達成される授業展開となるように，予め子ども目線で学習の流れを分析し，論理の展開に矛盾や滞りがない学習活動を構想する。

○授業評価，授業分析の視点を決める

　本時の目標，教材，授業展開構想，それぞれを決める場面で予測した子どもの具体的な反応を鮮明にし，それを自らの授業評価の基準とする。

（2）授業実施場面での教師の営み
○教材の提示を演出する

　授業の導入場面において，教師は子どもと教材との出合いを演出するという意識を持って臨む。主体的な学びを実現するためには，当然，子どもから問題意識が生まれてくるようにすることを最優先に意識しなければならない。それ

は，発問によって問題意識を引き出すということだけではなく，子どもが思わず問い返したくなるような素直な問題意識を大事にする。また，そこで現れた子どもの素直な声やしぐさといった反応を受け入れ，授業展開に修正を図ろうとする柔軟な姿勢も教師には求められる。

○子どもの声に耳を傾ける

対話というものは，対話する者同士が互いに相手の考えを大事にする姿勢を持ち合せていなければ成立しない。算数授業における「対話的」な学びも，教師が子どもの反応を大事にすることなしに実現できるわけがない。たとえ教師にとって想定外の子どもの反応であっても，まずは受け止めようとする姿勢が教師には求められる。そして教師は，そのような目の前の子どもの声に対して，即時的に具体的な対応を示すことになる。そこが「対話的」な学びとなるかどうかの境目となる。

特に，授業が展開していく中で子どもから生まれてくる素直な問題意識に教師は共感し，周りの子ども達全体に返していくことで，子どもの問題意識に基づいた数学的活動が実現されていくことになる。

○進む，待つ，変える，戻る，の判断を下す

授業中の子どもの反応を肌で感じとろうと努力する教師は，授業中の「今」という場面が，教師が予定していた通りにそのまま進めるべき場面であるのか，それとももう少し子どもの反応を待つべき場面であるのかということを頭の中で常に検討している。この判断が誤ると，子どもは一気に学びから遠ざかってしまうということも味わったことがあるからである。我々教師は，「主体的」な学びを左右するさじ加減を常に意識しているのであって，場合によっては，予定していなかった発問を子どもになげかけたりするように，想定していた授業展開を変えてしまうこともある。また，事前にイメージしていた子どもの反応と現実の子どもの反応があまりにも違い過ぎていて，このままでは授業が先に進まないと判断した上で，元に戻して改めて考えることを再スタートさせるという判断を下すこともある。

算数授業における教師の言語活動　**3**

○即時的に形成的評価を与える

　人間は，他人に伝えた自分の考えが相手に認められていると実感できると，その相手には自分の考えをさらに伝えたくなる存在である。つまり，対話が続くためには，相手に認めてもらっていると実感できることが必要なのである。だから，「対話的」な学びを実現するためには，教師が子どもの考えをしっかり受け止め，即時的に的確な評価を与えることが求められる。ただし，その評価は，ただ単に「〜がよかったね」という肯定的な声がけにだけに止まらず，教師が板書にその子の考えを書いたりすること，あるいは本人に書かせたりすることも形成的評価の意味を持つ。

　さらに，例えば子どもの発言を価値づけるために，周りの子どもに再現させてみたり，価値ある発言を途中で止めて，続きを想像させてみたりすることも形成的評価の一つの形態である。これらの評価の場合は，子ども同士による相互評価の意味合いも加味されるので，子ども同士の対話が生まれるきっかけにもなる。教師は自分の「引き出し」の中にある様々な評価方法の中から，授業中の子どもの発言やその場，タイミングにふさわしい形成的評価を即時的に選択して的確に評価することを意識して授業を展開していく必要がある。

○子ども達の学習活動をマネージメントする

　「主体的・対話的」な学びを実現する算数の授業は，当たり前のことながら複数の子どもによって実現される。そこでは，一人の考えに同意する子どももいれば反対する考えの子どももいる。また，全く別の観点から意見を述べようとする子どももいる。それらの意見を絡めながら展開していくのが授業である。教師には，個々の子どもの考えの取り上げ方や取り上げる順序に関わるマネージメント力が求められる。

　さらに，単なる発言として取り上げるのか，黒板に書かせるのか，紙や小黒板に個別に書かせて提示するのか，子どものノートを書画カメラで提示するのか，という伝える術もまた教師の判断に委ねられている。

○授業の終着点を整える

　通常，算数授業の終盤に本時で学んだことを整理する。最近，「振り返り」という言葉がまとめのキーワードとして脚光を浴びているが，このとき最も意識しなければならないのは，本時の授業での子どもの学びが「深い学び」となったのかということである。つまり，「今日は〜を勉強しました」というまとめでは不十分だということである。「主体的・対話的で深い学び」が実現できたかどうかを振り返るには，授業の展開とともに子どもから現れてきた複数の問題意識とそれらを解決した結果としての学習内容の中身，そして複数の問題意識の変容過程それ自体を振り返らなくては意味がない。結果的に，「別々のものだと思っていたけど，どれも同じに見えてきた」という統合的な見方を子どもが意識したり，「だったら，こういうときはどうなるんだろう？」という発展的な新たな問題意識を子どもが抱いたりするようなまとめとなることを目指す。

　ただし，授業で学んだ結果として獲得すべき知識は，教科書を使って確実に指導するようにする。

(3) 授業終了後に授業分析を行う振り返りの場面での教師の営み

○設計場面で想定していた子どもの姿と現実の子どもの姿のズレを確認する

　子どもの姿という事実をもとに授業を見直し，本時の目標が達成されたかどうか分析する。特に，子どもの姿が主体的であったか，対話的であったか，そして，子どもの問題意識が変容しながら学びも深まっていたのかということを批判的に分析することで，単なる知識・技能ではない数学的に考える資質・能力の獲得ということが意識されることになる。

　以上，算数の授業づくりを行う教師の営みを整理してみた。見方を変えると，これらは全て教師が自らの言語を機能させて行っている営みである。教師が行っている言語活動は，内言，発話，書くこと，読むこと，聞くこと……と実に多岐にわたっている。ただ，本書ではこれら3つの場面での言語活動を前提とした上で，特に授業中における教師の内言や発問，指示，板書といった言

語活動に焦点を当てた。算数の授業中，教師が何を考えながら授業を展開しているのか，そしてどのような判断を即時的に下しているのかという教師の本音をさらけ出したのが本書なのである。

教師の言語活動と授業力の成長

　ところで，「教師の言語活動」をテーマに取り上げたもう一つの理由は，これが教師の授業力の成長を支えるカギだと考えられるからである。既に述べたように，教師は実に様々なことを考えながら算数の授業に臨み，実に様々な判断を連続的に下しながら子どもと対峙している。時には誤った判断を下してしまう場合もあるが，判断の誤りは子どもの反応という形で如実に表れてくる。教師の授業力の成長は，このような失敗を通して促されていくものであり，失敗を意味のあるものに変えていける教師は，必ず授業力を身に付けていく。特に，授業中に判断に悩んだ場面や，事実として誤った判断を下してしまった場面で自らが行っていた言語活動の中身を振り返り，代案を検討して，次の授業展開に活かすという姿勢が大事になる。そこでは，子どもの発言や反応の受け止め方，それに対する対応を検討していた段階での自分の内言，結果的に判断を下した発問や指示等の手立てという一連の流れを振り返ることが求められる。本書で示した具体的な「教師の言語活動」は，そのモデルとなるものであり，参考にしていただければと思う。

　なお，教師がよしとする言語活動は，それぞれの教師が抱く算数授業観や大事にしている教育理念によって左右されるものでもある。「教師の言語活動」の振り返りやその改善は，教師個人が自らの算数授業観や教育理念を振り返る行為でもあるわけだ。だから，授業理念を表した言葉である「主体的・対話的で深い学び」も，実際に自ら授業中に行っている言語活動を意識することで，その意味や具体が見えてくるはずである。

　「教師の言語活動」，これは授業改善，授業力アップのための新たなキーワードなのである。

目　　次

子どもと教師の言葉で編む算数授業を実現するために
算数授業における教師の言語活動
山本良和／1

1　数学的な考え方を価値づけるために
「○○さんはどうして
こう考えたと思う？」
盛山隆雄／12

2　主体的に学びに向かう力を育むために
「答えは一つじゃないんだね」
毛利元一／18

3　子どもの考えを明確にするために
「やっている動きを，言葉にできるかな？」
岡田紘子／24

4　どの子も様々な考えをもつことができる教室にするために
「どう数えたの？（一人の考えを共有しよう）」
千々岩芳朗／30

5 場面の状況を，子ども自らがつくり出していくために

「何が同じ？」

前田一誠／**36**

6 子どもの問いを引き出すために

「それってどういうこと？」

中村潤一郎／**42**

7 子どもの考えを明確にするために

「どうしてその数が3の段と 言えるのかな？」

佐藤純一／**48**

8 意味理解を深めるために

「(寄り添い，揺さぶり，惚ける)」

大野桂／**54**

9 問いをつくるために

「辺の長さで教えて欲しい数はいくつ？」

河内麻衣子／**60**

10 子どもの心の動きをつくるために

「言葉が3つ出てきたのなら， 式も3つできるはずですね」

江橋直治／**66**

8 目 次

11 友だちの論理をクラス全員が共有化するために

「ここまでの○○さんの考えは分かるかな」

尾﨑正彦／**72**

12 つまずきを解決するために

「どこを直したらいいかな」

永田美奈子／**78**

13 いつでも使える方法に気付くために

「もし○○なら，どちらの 考え方を使いますか？」

加固希支男／**84**

14 子どもの「なぜなら…」を引き出すために

「(子どもの考えに対峙する) もっとあるよね」

平川賢／**90**

15 子どもが統合的・発展的に考えるために

「○○さんのよいところは どこでしょうか？」

小松信哉／**96**

16 子どもの発想を広げるために

「ばらはどうかいたらよいの？」

尾崎伸宏／**102**

目　次　9

17 一人の考えを受けとめるために

「どうしてそうしようと思ったの？」

森本隆史／**108**

18 課題を明確にするために

「この場面でも使えるかな」

山田剛史／**114**

19 全員参加の授業を創り上げるために

「途中の計算のしかたを予想できるかな」

工藤克己／**120**

20 子どもの見方を拡げるために

「困っている人がいるんだけど…」

中田寿幸／**126**

21 新たな発想を促すために

「(子どもの言葉を聞き間違える)」

夏坂哲志／**132**

執筆者一覧／**138**

4年　変わり方調べ　　　　　　　　　　　　　　　　　　　　（盛山隆雄）

数学的な考え方を価値づけるために
「○○さんはどうしてこう考えたと思う？」

問題とねらい

> **問題**
>
> 右の図を使って，あみだくじを作ります。ねずみはねずみ，牛は牛と，同じ動物がつながるようにするには，横線の本数は何本必要ですか。

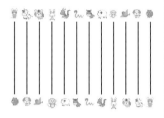

　縦線の本数を3本の場合，4本の場合と減らして横線の本数について調べてみることによってきまりを見つけ，そのきまりを使って最初の大きな問題（縦線が12本の場合の横線の本数）を解決することができることをねらいとした。

> **教師の言語活動のポイント**
>
> 　問題が複雑で解決できないとき，次のような考え方がある。
> ①数値を小さくして調べる。②きまりを見つける。③きまりを使って最初の問題を解く。
> 　数値を小さくしてみるという発想は子どもから出にくいので，「いくつだったらできそうかな？」という発問をしてその発想を引き出そうと考えていた。しかし，本時の場合は，最初に出した難しい問題に困る子どもと対話することで，上記の①〜③の考えの方向をつくることができた。子どもの困りをどのように捉え，どのように対話するかが本時の言語活動のポイントになる。

教師の言語活動

(1) 複雑な問題に挑む

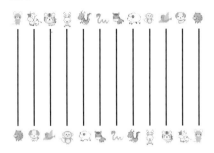

　上図を提示しながら，「これはなんでしょう」と言うと，「あみだくじだと思います」子どもたちはすぐにそう答えてくれた。
「横線が入ってないよ」
　そのような子どもの呟きを拾って，次のように問題を伝えた。
「そうですね。横線が入っていません。上と下の動物が反対に配置されていいますね。ねずみはねずみ，牛は牛，というように同じ動物に行くようにするには，何本の横線が必要でしょうか」
　こう言った瞬間に「えー」といったため息ともつかぬ声が漏れてきた。
　そこですかさず，「どうして『えー』と言ったの？」と問い返すと，
「だって複雑で難しそう」という期待していた言葉が返ってきた。そこで，「○○さんは複雑で難しそう，と言っていますが，そう思う人？」とクラス全員が同じように感じているかどうか確認すると，やはりたくさんの子どもが挙手をした。
　「そうだね。でもやってみないとわからないよ。少し時間を取るから，まずやってみよう」と投げかけた。しばらく時間をとって取り組んでもらうと，ある考え方で横線を入れる姿が多く見られたが……。

「○○さんはどうしてこう考えたと思う？」

(2)「できない」の自覚から「単純化」へのプロセス

　2〜3分経ったとき，子どもたちの作業を一旦止めて次のように言った。
「ちょっと待ってね。みんながんばっているね。今どのように取り組んでいるか発表してもらうよ。まず○○さんはどうやっていますか？」
「私は，まずねずみからねずみに行くように横線を引きました。次に，牛から牛にいくように引きました。次に虎から虎にいくようにと，左から順に考えていきました」
「同じように考えている人？」
と問うとほとんどの人が手を挙げた。
「でも，途中からぐちゃぐちゃになってきて，わからなくなりました」
　このような言葉も聞こえた。

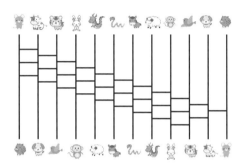

「そうだよね。最初にみんなが言った通りこれだけたくさんの縦線があったらぐちゃぐちゃになっちゃうよね」
　このように子どもに共感して，次のように提案しようと心に決めていた。

「それなら縦線の数を減らして考えてみようか。何本だったら簡単に横線が引けそうかな」
（予定していた発問への懸念から展開の修正へ）
　このとき気がかりだったのは，この発問は教師が課題（めあて）を決める展開であることだった。そのことを覚悟しての切り返しを予定していた。
　しかし，子どもから次のような考えが現れたので，その瞬間に方針を変えることにした。

14　4年　変わり方調べ

「真ん中のへびと馬の2本から始めると、横線が1本ですみます。次に周りに1本ずつ増やして4本でやると、このように6本になります」

　ここまでその子どもの説明を聞いて、次のようにみんなに問いかけた。この説明を理解させるための手立てである。

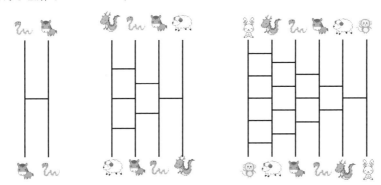

「次に○○さんは何と言うと思いますか」
「はい、次はまたその周りの2本を足して、縦線が6本のときを考えると言うと思います」

　ここまで説明を聞いて、子どもたちにこう問いかけた。

> 「○○さんはどうしてこう考えたと思う？」
> （発問の意図）
> 　この考えは縦線の本数を減らしてできるところからやってみようという考えだと判断した。この考えを価値づけ、みんなで共有することで、本時のねらいである帰納的な見方・考え方の方向に向かえると考えたのだ。

　すると次のような言葉が返ってきた。
「真ん中からやると横線がすぐに引けるから」
「へびと馬は隣にあって移動が少ないから」

　このような友だちの解釈の言葉を聞いてから本人に尋ねると、笑顔で頷いた。そこで、次のように発問した。

「なるほど。縦線の本数を減らしてできるところからやってみようとする考えが面白いね。では，○○さんの考えをみんなもやってみようか」
(発問の意図)
　　この発想は2本の場合⇒4本の場合⇒6本の場合と考えていく。3本と5本はとばされているが，「すぐに横線が引けるところから始めてみよう」という発想は帰納的な見方・考え方に結びつく。そう解釈し「それならこの考えにつきあってみよう」と心に決めて次のように発問した。

(3) 帰納的な見方・考え方を働かせる

　子どもたちは，縦線が2本の場合，4本の場合とノートに書いてみた。ところが，途中次のような呟きが聞えた。
「6本も難しい」
　このとき，黙って次のように板書した。わざと下表のように間を空けている。誘導的だったが，子どもから縦線が3本や5本の場合も調べてみようという発想を引き出そうとしてのことである。

縦線の数（本）	2		4		6	
横線の数（本）	1		6		?	

「2本の場合は1本，4本の場合は6本，6本の場合は難しいんだね」
　すると，何人かの子どもが次のように言い始めた。
「もっと少ない3本ならできるよ」
「5本でもできると思うよ」
　このような意見を聞いて，実際に縦線3本と横線5本のあみだくじにも横線を入れてみることにした。

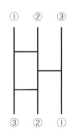
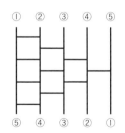

16　4年　変わり方調べ

すると，作業の途中に「あっ！　わかった」という声を出す子どもがいた。

　そして，多くの子どもたちが，きまりが見つかったと言って挙手をしはじめた。

　指名すると，増える数が2，3，4，5……と1ずつ増えているということを説明したのである。

縦線の数（本）	2	3	4	5	6
横線の数（本）	1	3	6	10	？

　　　　　　　　　　　　＋2　　　＋3　　　＋4　　　＋5

　そして，いよいよ次のような発言も現れ始めた。

「これで最初の問題も大丈夫だ！」

「10＋5＝15，15＋6＝21，21＋7＝28，28＋8＝36，36＋9＝45，45＋10＝55，55＋11＝66，だから66本だ！」

　本時は，このようにしてきまりを使って解決をするところまで展開した。

教師自身の言語活動の振り返り ・・・・・・・・・・・・・・・・・・・・・・・・・・・・・・

　予想外の子どもの反応に問い返してその考えの意図を確認する。その考えがねらいの達成のために活かせると判断できた場合は，想定した展開を変更してでも子どもの考えに寄り添う。その一連の流れをつくるときの教師の判断力と，子どもの表現に問い返す教師の言葉が重要だと考えている。本時で言えば，次の2つの発問がそうである。

「○○さんはどうしてこう考えたと思う？」

「では，○○さんの考えをみんなもやってみようか」

「○○さんはどうしてこう考えたと思う？」　**17**

| 3年 | 0のかけ算 | （毛利元一）

主体的に学びに向かう力を育むために
「答えは一つじゃないんだね」

問題とねらい

> **問題**
> 的に向かって10この球を投げたところ，合計得点は $\boxed{2}\boxed{0}$ 点でした。
> 球はどこに当たったのでしょう。

　このような的当てゲームでは，的当ての結果から合計得点を求める展開が多く見られる。しかし，与えられた問題を解き，答えを求めることのみで，更なる学びに向かう力を育むことはできるのだろうか。我々の実生活においても，答えが一つだけという場面はほとんどなく，むしろ多様な答えの中から，一人一人が最適だと思う答えを判断しているのではないだろうか。

　そこで，本実践では合計得点を決め，球がどこに当たったのかを問い，答えが一つではないオープンエンドの展開とすることで，子どもの主体的な学びに向かう力を育むこととした。

教師の言語活動のポイント

　オープンエンドの展開では，答えが一つではない事実を教師が価値付けることで，次のような子供の主体的な学びにつなげていきたい。併せて，答えの正誤だけでなく，答えを求める過程そのものを楽しめるようにしていきたい。

教師の言語活動

(1)「なぜ20点台の人が多いのかな」

　前時に5分ほど時間を取り，的当てゲームを行った後に，本時の学習を展開した。一人一人の点数をざっと確認すると20点台が多かったので，20点ちょうどの結果と式を板書し，「20点の人は，こんな結果だったよ」と紹介した。すると，「当たり方が違う」「色々な方法があるよ」などの声と共に，「だから20点台が多いんだね」とのつぶやきが聞こえた。

```
4点　3こ　　4×3＝12
2点　4こ　　2×4＝8
0点　3こ　　0×3＝0
合計　12＋8＋0＝20
```

> 　20点を取り上げることは，6通りの組み合わせがあることから，最初から決めていた。実際のゲームで20点台が多かったため，「多様な組み合わせがある＝20点台が多い」という関係性に着目することにつながった。

(2)「答えは一つじゃないんだね」

　「当たり方が違う」という声に，「どうして，そう考えたのか」を問うた。「だって，4点が5個で20点になるよ」との声があがる。式も含めて板書し，「答えは一つじゃないんだね」と確認すると，「もっとあるよ」とのこと。しばらく時間を取り，他の方法を考えるようにしたが，見通しをもち，順序立てて考えている子どもは少なく，試行錯誤している子どもが多かった。そこで，組み合わせを比べられるように並び替えることとした。「あっ，他の方法を見付けた」と，俄然動きが活発になるのが分かった。

	個数	得点		個数	得点
4点	3	12		5	20
2点	4	8		0	0
0点	3	0		5	0

> 　4点の個数に着目させ，関数的な見方・考え方で解決することをねらっていたが，子どもたちの様子から，自力解決の時間を2段階とすることにし，まずは一斉での話し合いを設定することにした。

(3)「どうしてそう考えたのかな」「本当にいいのかな」

　一斉での話し合いでは，4点の個数に着目させたことで，「4点が6個以上はありえない」「4点が4個のときも考えられそう」など，関数的な見方・考え方を意識する発言が多くなってきた。

　そこで，「どうしてそう考えたのか」を問うこととした。「4点が6個だと24点になるからありえない」と言うので，「本当に24点になるのかな」と問い返すと，「4×6だから24だよ」と式を用いて理由を説明することができた。「4点が4個のときはできる」という子どもにも，その理由を問うと，「4点が3個，5個のときはできたから，間の4個でもできるはず」「4点が4個のときは，2点が2個になる」と言いながら，自分たちで組み合わせを並び替えるようになった。

　「何点になるのかな」と確認すると，「4×4で16，2×2で4，合わせると20」と自信満々に答える。「この式で本当にいいのかな」と確認をしたが，子どもたちはうなずくばかりである。「問
題と少し違うところがあるような気がするのだけれど，先生だけかな」と，再度確認をしたが，「ちゃんと20点になるよ」との声ばかりである。仕方なく，問題文を読み，「球は10個投げたんだよね。この式の中に，球は10個あるのかな」と話している途中で，「0点にも4個あるよ」「4個と2個と4個で，10個になるよ」と，ようやく問題意識を共有することができた。そこで，「さっきのように式でも言えるかな」と伝え，子どもたちの様子を観察した。ほとんどの子どもが「4×4＝16，2×2＝4，0×4＝0，16＋4＋0＝20」と式に表すことができた。

> 　関数的な見方・考え方を意識してきた子どもたちは，「どうしてそう考えたのかな」と理由を問うことで，筋道立てて説明することができた。式に表す際，0のかけ算に気付く子どもは少なかったが，全部で10個であることを表すには0のかけ算も必要であることを，実感できたようだ。

(4) 「きまりがあるのかな」「いつでもそうなのかな」

　的の点と個数との関係に着目するようになり，「2点や0点の個数にもきまりがありそうだ」と，対象を広げて考えるようになってきた。そこで，自力解決の時間を再度取り，全ての組み合わせを考えられるようにした。そして，6通りの組み合わせを順番に並べ，どの組み合わせでも20点になっていることを確認した。

	個数	得点
4点	0	0
2点	10	20
0点	0	0

個数	得点
1	4
8	16
1	0

個数	得点
2	8
6	12
2	0

個数	得点
3	12
4	8
3	0

個数	得点
4	16
2	4
4	0

個数	得点
5	20
0	0
5	0

> 4点の個数が1増えると，2点の個数が2個減る

> 4点の個数と0点の個数はいつでも同じだよ。

　突然，「面白いきまりがあるよ」と大きな声が聞こえた。「きまりがあるのかな」と問い返すと，「4点の個数が1増えると2点の個数が2減るよ」と，嬉しそうに見付けたきまりを答える。「いつでもそうなのかな」と確認すると，「いつでもだよ」と表を使いながら一つずつ説明し始めた。「どうして，2個減るのかな」の問い返しには，少し時間がかかったが，「2×2が4だから，4減らすには，2点を2個減らさないといけない」と，式も使って説明することができた。「先生も気が付かなかったな。4点の個数と2点の個数との間には，きまりがあるんだね」と相槌をうち，様子を伺うこととした。すると，他の子どもが，「0点もだよ」「0点の個数は1増えるよ」「増えるというより，4点の個数と0点の個数は，いつでも同じだよ」と，たくさんのきまりを見付け，関数的な見方・考え方を楽しんでいた。

　組み合わせを表の形で順に並べることで，関数的な見方・考え方を働かせて，的の点と個数との関係を見いださせることをねらった。3年生では

「答えは一つじゃないんだね」　21

あるが，九九表でのきまり見付けなどの学習を生かし，たくさんのきまりを見付け，その楽しさを味わうことができていた。

(5)「もし24点だったら，どうなるのかな」

20点の当たり方について考えを深めた子どもたちは，「20点以外も調べてみたいな」「きっとたくさんの方法があるはず」と，問題場面を自ら広げようとしはじめた。そこで，「もし24点だったら，どうなるのかな」と問いかけた。「さっきは6通りだから，増えて7通りになる」との声が多かったので，「7通りになるのかな」と板書に残した。

今度は，子どもたちも一人で素早く問題に取り組むことができた。自分で表にまとめ，4点の個数を順に調べている子どもが多い。「4点の最高回数は6個だから，やっぱり7通りだな」とつぶやく子どももいる。

しかし，時間がたつにつれ，「あれ，少ないな」との声が出てきた。授業の時間もあまり残っていなかったので，4点の個数の多い方から確認していくことにした。

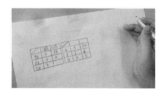

「6個の場合は，4×6で24」「5個の場合は，4×5と2×2で24」「4個の場合は，……」「3個の場合は，……」と続けていくうちに，「1個のときは，できない」の声と，「できるよ」の声が混じっていたので，それぞれの理由を聞いてみることとした。できる理由として，「4×1と2×10で24になる」という意見を取り上げたところ，多くの子どもから，「超えてるよ」「だって，投げる球は10個だもん」の声が続く。そして，できない理由を「4×1で4点，残り全部が2点に当たっても2×9で18点なので，足しても22点にしかならないでしょ」と筋道立てて説明することができている。さらに，「同じ理由で，4点が0個でもできないよ。なぜなら，2×10で20点にしかならないから」と説明を加える子どもも出てきた。「あー，確かに」と納得の声が増える。

これらのことは，子どもたちにとっても大きな発見であった。「点数が増えればパターンも増えると思ったので驚いた」「7通りだと思っていたら5通り

になり，前より少なくなるとは思わなかった」「他の点数や個数が関係していることを見付けたのがよかった」「一番組み合わせが多い点や少ない点など，他の場合も調べてみたい」「的を増やしたり，点数を変えたりしてみたい」など，自分たちの学習を振り返る様子が見られた。授業は，時間切れになったが，十分に学びに向かい深めることができたと感じられる授業であった。

> 当初は20点の事例だけでも，学びに向かい深めることができると考えていた。しかし，24点を取り上げることで，子どもたちの予想した展開と異なる結果となり，より教材の楽しさを味わい，考えを深めることができた。

教師自身の言語活動の振り返り ・・・・・・・・・・・・・・・・・・・・・・・・・・・・・・

　しかしながら，教師自身が授業を振り返ってみると，あまりにも自分が話をしていることに愕然とする。答えが多様な問題を提示すれば，子どもたちは主体的に学習に向かい，考えを深めることができるはずであるとの理由から，オープンエンドの展開を選んだのである。確かに教材のもつ特性から，子どもたちは夢中になって取り組んでいるように見えた。しかし，授業を詳細に振り返ってみると，子どもたちの学びをつなぐ部分では，教師との一問一答になっており，子どもたちの考える方向などをコントロールしてしまったとの反省が大きい。

　ところで，新学習指導要領の算数科の目標には，「数学的活動の楽しさや数学のよさに気付き，学習を振り返ってよりよく問題解決しようとする態度」などの文言が記載されている。オープンエンドで展開する授業は，まさしく問題を解決する楽しさを味わえるものである。答えが1つだけとは限らない世界を生きていく子どもたちに必要となる力は，多様に考え，よりよい考えを導くために，絶えず問題に主体的に関わる態度ではないだろうか。

・・・

[参考文献]
滝井章（2018）．深い学びで思考力をのばす　算数授業18選．日本標準．

2年　かけ算の活用　　　　　　　　　　　　　　　　　　　　（岡田紘子）

子どもの考えを明確にするために
「やっている動きを，言葉にできるかな？」

問題とねらい

　方眼紙の上に，図1の左にあるような小さな正方形（赤，実線）の周りを1マス分大きく取り囲んだ正方形（青，破線）がかかれているカードが入っている青い袋と，図1の右にあるような内側の正方形が青で，外側に赤の正方形がかかれているカードが入っている赤い袋を用意する。袋には，大きさが異なる正方形がかかれたカードが9枚ずつ入っている。そして，それぞれの袋から1枚ずつカードを引き，左右に並べた段階で，赤い線の合計と青い線の合計はどちらが長いかを問う。問題を解決していく過程で「いつも周りの正方形の長さが8cm長いけれどなぜ？」「どのカードが出てもいつも赤い線の合計と青い線の合計は同じ長さなのはどうして？」などの問いを引き出し，算数の面白さや不思議さ，違和感に触れることで，新たな問いを生み出す力と式や図をもとに「なぜ同じ長さになるのか」考えを説明する力を育むことを目的とした。

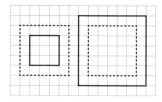

図1　破線は青線

教師の言語活動のポイント

　「うまく言葉にできないのだけど……」「こことここが……」「手でやるとこんな感じなんだけど……」など，まだ洗練されていない子どもの言葉を，教師がつなぎながら，よりよい表現へと高めていく。また，言葉だけでなく，絵や図，または動作などで，自分の考えていることを表出させることで，その子どもが考えていることを言語化させ，よりよい考えを導く

> ためのきっかけを作る。

教師の言語活動

① 「正方形の周りの長さは何 cm かな？」

　2年生の3学期，子どもたちにとって，かけ算の計算をすることに，多くの子はそれほど困難さを感じていない。しかし，見つけたきまりのわけを説明することや，式をよみ，その式の意味を言語化することは容易ではない。理解できたとしても，それをわからない友達へ伝わるように説明することは，さらに難しい。それでも子ども達は，友達や教師に一生懸命気づいたことや考えたことを言葉や動作に表して伝えてくる。自分が見つけた発見の感動に比例して「誰かに伝えたい」という子どもの気持ちは大きくなる。そこで，教師が子どもの言葉をつないで広げていくことが，教師の言語活動として重要である。

図2　外側が赤で内側が青の正方形

　実際の授業では，最初に図2の正方形を提示した。「赤い（外側の）正方形の周りの長さは何 cm かな？」と子ども達に問うと，「辺が7cmの正方形だから7cmが4本あるので$7×4=28$(cm)」と答えた。

　次に，内側の青い正方形の周りの長さを問うた。子どもは，赤い正方形と同じように「$5×4=20$」と答えた。そして，その後Kさんが他の求め方として次の式を発表した。

$$7×4=28 \quad 28-8=20$$

　この式の意味がよくわからないという子どもが半数ほどいたため，式の意味について考えることとした。

　式の意味を考えていく中で，「-8」の意味について考える時間を設けた。その時間の中でT君が「ここの分が長いんだよ」と図の角を指さしながら説明した。しかし，ここでも「そうそう」と頷く子どもと，「えっ？」という顔をしている子どもに分かれた。すると，I君が，図3の矢印の部分を指さしなが

ら,「ここが同じ長さでしょ」と付け加えた。

　図を指し示し,外側の正方形の角の2cm分だけ内側の正方形より長いので,外側の正方形から2cmの4個分,つまり2×4＝8(cm)引くと青い線の長さになると説明した。

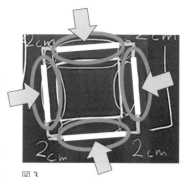

図3

　Kさんの式の意味がよくわからなかった子どもも,友達の説明を聞くことで,Kさんの考えや,式の意味がわかったという声が増えてきた。しかし,別のカードを引いた時に,Kさんのような式を立てた子どもは少なく,この時点では,まだKさんの考えのよさを理解できていなかった。

② 「赤い線の合計と青い線の合計はどちらが長いかな？」

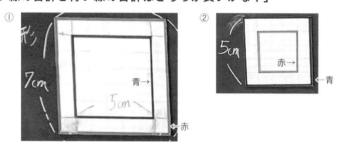

　次に,一辺が5cmの青い正方形と,その内側に一辺が3cmの正方形がかかれたカードを提示した。そして,「①最初に提示したカードと,②次に提示したカードの赤い線の合計と青い線の合計はどちらが長いでしょう？」と発問した。計算をする前にどちらが長いと思うかを子ども達に予想させたところ,「赤い線の方が長い」と答えた子どもが多かった。しかし,計算してみると,以下の計算式の通り,同じ長さになる。

　　赤い線の合計は, 7×4＝28　3×4＝12　28＋12＝40
　　青い線の合計は, 5×4＝20　5×4＝20　20＋20＝40

　次に,赤い袋と青い袋から1枚ずつ別のカードを子どもが引き,同じように

赤い線の合計と青い線の合計はどちらが長いかを考えた。

　　赤い線の合計は，8×4＝32　2×4＝8　32＋8＝40

　　青い線の合計は，6×4＝24　4×4＝16　24＋16＝40

「また同じだ」という子どものつぶやきが聞こえた。第1時の授業はここで時間となってしまった。

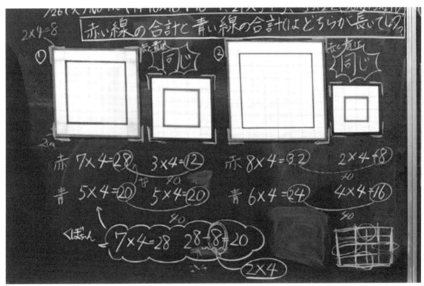

　第2時では，各袋から1枚ずつカードを取り出し，赤い線の合計と青い線の合計を比べた。別のカードを引いても，また赤い線の合計と青い線の合計が同じになった。何回カードを引いて計算しても，赤い線の合計と青い線の合計の長さが同じになり，子ども達から「いつも赤い線の合計と青い線の合計は同じになるのかな？」という新たな問いが生まれた。この問いについて，子ども達に聞いてみると「絶対同じになる」と「いつも同じになるとは限らない」に予想は割れた。子ども達は，再び他の正方形のカードを計算して調べたが，別のカードでも

赤い線の合計と青い線の合計の長さは同じになった。

③「やっている動きを言葉にできるかな？」

その後,「なぜ,いつも同じになるのか？」という問いが生まれた。2年生の子ども達にとって,いつも赤い線の合計と青い線の合計の長さが同じになるというきまりが見えていても,「いつも同じだけ長くなるのはなぜか？」を説明できるように考えることは難しい。

しかし,Yさんが,「同じを集めれば,分かるんだけど」と手を動かしながら説明しだした。その時,みんなの前で,手の動きをやってもらい,Yさんが考える「同じを集める」の意味を,全員で考えた。この動きを見た子どもから,「あー,だから,同じなんだ」という声が上がった。Yさんは言葉では説明していないが,手の動きだけで赤の線と青の線の合計が同じことを表した。そして,**Yさんがやっている動きを,言葉にできるかな？**」と問いかけ,「わかった」と答えた子どもに,Yさんの手の動きについて説明してもらった。すると,T君が図をかいて,「(①の手の動きは) 赤と青の線が同じということで,(②の手の動きは) この角が,1つずつセットになって同じだから,赤と青は同じ長さになります」と説明した。

S君は「(②の手の形を作って) これが,2cmだから,2×4＝8でしょ。この前のKちゃんの話だよね」と,Kさんの話と関連付けて考えていた。

子ども達は,1つずつ丁寧にどこが同じなのかを対応させて確認することで,同じ長さになる理由を理解することができた。

④「切ってもいいですか？」

授業が終わった後,M君が「(黒板に貼ってある掲示用のカードを) 切りたいんですけど,切ってもいいですか？」と聞いてきた。切れば,見ただけでなぜ同じになるのかわかるという。次の日の授業で「実は,M君がこれカード

を切りたいと言ってね，こんな風に切ってくれたんだけど……」と，切ったカードを黒板に貼ると，「あー，なるほど」と全員が叫んだ。すると，子ども達から「Kちゃんの8は，(角のカード)のことだよね」「Yちゃんの手の説明も，この切ったカードで説明できるね」「どのカードを切っても，角の部分は同じだ」など，切ったカードを見ながら，今まで出てきた考えをつなげた発言や，その仕組みの説明を聞くことができた。

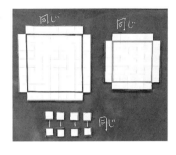

教師自身の言語活動の振り返り

　授業の構想段階では，最初から，「周りの正方形の方が 8cm 長い」という考えが出てくるとは思っていなかった。いくつかのパターンを帰納的に調べ，「いつも赤い線の合計と青い線の合計が同じだ」ということから，演繹的に理由を考える時に，「周りの正方形の方が 8cm 長い」ということを話題するつもりだった。実際，最初にKさんの考えを聞いても，その考えのよさに気づいた子どもは少なかった。しかし，いろいろな方法で「なぜ同じ長さになるのか」ということを考えていく中で，Kさんの考えにふれそれぞれの子どもにあったなぜ同じになるのか「腑に落ちる瞬間」を作ることができた。このように「式でわかる」「図でわかる」「動作でわかる」「言葉でわかる」など，一人一人納得できる説明は違う。そして，それぞれの説明は，最初からきれいに整った説明ではなく，言葉が不十分であったり，伝わりにくかったりするものが多い。けれども，子ども達が表現したことを大切にし，よりよいものに高めていくプロセスは，教室で仲間と学ぶよさだと改めて感じた。そして，教師は指導案通りにいかない場合も焦らずに，子どもの素直な表現を認め，子どもの考えを関連づけていくことが，子どもの説明する力や新たな問いを生み出す力を育む教師の言語活動に必要である。

6年 複合図形の面積　　　　　　　　　　　　　　　　　　　　　　　　（千々岩芳朗）

どの子も様々な考えをもつことができる教室にするために
「どう数えたの？
（一人の考えを共有しよう）」

問題とねらい

> **問題**
>
> ブロックは，何個あるかな？

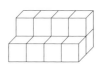

　本教材は，教科書に掲載されている「学びを生かそう」という学習場面の中の「複合図形」の面積を求める方法を考えるという教材を元に考えてみた。教科書では，はじめから平面図形を提示し，求積するための多様な考えを交流するという流れだったが，今回は，まず上図のようなブロックを積み重ねたものをフラッシュ的に提示し，ブロックの個数を数えるという学習からスタートした。この学習の中で，数え方の工夫を交流した後，平面図形を提示し求積方法を工夫するという学習展開を考えた。このような展開にしたのは，平面の複合図形を変形させるための「感覚」を培うには，積み木などで遊んできた子どもたちにとって立体図形（立方体を積み重ねたもの）の変形をすることを第1段階として取り組むことが有効であると考えたからである。

教師の言語活動のポイント

　まず，立方体を組み合わせたいろいろな立体図形を示し，立方体の数はいくつなのかを問いかける。フラッシュ的に提示される図形の中に子どもたちは，「かたまり」を見つけながら数えていくと考えた。はじめは「かたまり」が見えやすい形から，少しずつ図形に働きかけることによって「かたまり」を見いだすことができる図形へと学習を展開する。その際，

子どもたちから出された様々な数え方を評価するとともに、「どう数えたの？」と数え方を子どもたちに問い返し、学級全体で「数え方」を共有していく。この共有することが、どの子も考えがもてる教室の一歩になると考えた。

教師の言語活動

① **1st ステップ**

「何個あるのかな？」子どもたちにそう問いかけ次のような絵を見せた。

1秒間という短い間表示される立方体を積み重ねたり、並べたりした図を見た子どもたちは、すぐに「8個ある」と答えた。

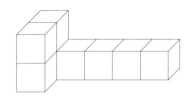

「どうして8個？」とすぐに問い返すと、「左側4個と右側に4個あった」と答えた。もう一度、図を提示しどこに4個というかたまりがあるのかを確認していった。

はじめは、簡単に個数がわかるものから提示する。これは誰もが学習に参加できるようにするためであり、子どもたちの学習意欲を高めていくことができるような言葉かけを心がけていく。また、かたまりを自ら見つけたことへの評価を行い、これからの学習の道筋をつけるようにする。

次に右のような図を提示する。子どもたちは、前の経験を生かし、かたまりを見つけ数えていった。「2が6つで12個」「4が3つで12個」「3が4つで12個」「6が2つで12個」のように様々なかたまりを見つけ、全体の個数を見つけていった。このとき、「どこにそんなかたまりが見えたの？」と問い、子どもたちの考えの一つ一つを吟味していった。

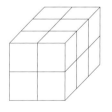

> この段階は，多様な考えを子どもたちが出していくことを促していく。また，見つけた考えを一つずつ吟味し学級全体で考えを共有するようにする。

② 2nd ステップ

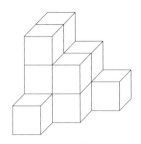

かたまりを見つけることになれてきた子どもたちに右図を提示する。もちろん1秒間のフラッシュで提示する。子どもたちからは，「もう一度見せて」という声が相次いだ。もう一度見せると「4が3つだ」「3が4つある」などの答えが戻ってきた。そこで，子どもたちからどのように提示された図形に働きかけたのかを引き出すために「どうして4のかたまりが3つだと言えるの？」と問い返し，考えを共有していった。

> ブロックの積み方を変えて，個数を数えやすくする子どもたちの考えを引き出すことが大切になる。ここでも「どのように変えていったのか」を考えさせることが重要になる。さらに，画面上でブロックを動かして積み方をどのように変えていったのかを確かめていく。

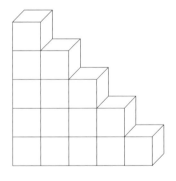

最後に右図をこれまでと同じように提示する。子どもたちは，階段状に並んでいるこの形に大変意欲的に働きかけ個数を数える方法を考えていった。そこで子どもたちに考えた方法をノートに図に表すように伝えた。子どもたちのノートには，次々と考えが表現されていった。右下の3個を左の上に積み上げ直方体を作ったり（その逆もあった），同じものを二つ組み合わせて直方体を作ったり，一列ずつのブロック数を足していったりと様々な方法で数えようとした。子どもたちの様子を観察していると算数

が苦手な子どもたちもあまり抵抗感なく数え方を工夫していた。立体物を動かした経験，イメージのしやすさなどから来ているのではないかと考える。

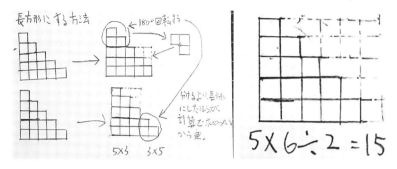

③ 3rd ステップ

次の時間の冒頭，子どもたちに後ろを向くように伝えた。そして，「今から黒板にある図を描くので，その面積を求めてください」と背中越しに子どもたちに伝えた。黒板に描いたのは，右のような図形。「それじゃ，前を向いてください」

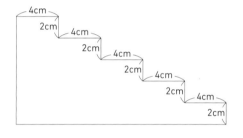

黒板に描いてある図形を見て子どもたちはすぐにノートに図を描き，面積を求め始めた。「昨日の階段と同じだ」「切って動かせばいい」等々子どもたちは，独り言のようにつぶやきながら図形に働きかけていた。算数が得意な子も，日頃既習事項を活用することもあまり得意でない子も様々な考えを作り出そうとしていた。

> 子どもたちがどのように提示された図形に働きかけていったのかを，子どもたちの間を巡りながら把握していく。その際，子どもたちに話しかけながら，どんな考えなのかを聞いていく。そうすることで，子どもたちの考えを教室内に広げ，考えがうかばない子へのアシストになる。

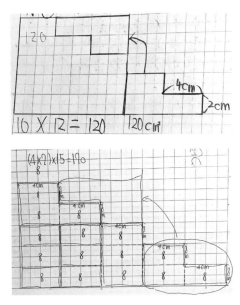

　上の2つの子どものノート画像は，面積を求めるために同じような考え方をしたものだ。しかし，式を見ると考え方の違いが見えてくる。上の子は，変形させた後，全体の縦の長さと横の長さを考え求積していた。下の子は，変形させた後，単位となる面積がいくつになるのかを考え求積していた。二人とも算数が得意な子ではなく，どちらかというと個別に指導が必要になることが多い子達だ。その子達も積極的に自分の考えを作り，他へ考えを発信しようとしていた。

教師自身の言語活動の振り返り

　教師の言語活動として大切にしていったのは，次の点だ。
①引き出す
　子どもたちのつぶやき，身体的動き，ノートに記された考えを収集し，問い返すことで学級全体での考えの共有を促すこと。（例 「今の手の動きは何なの，面白そうだね」）

②考えのよさを認め評価する

　子どもたちが考えたことを認める。例えば，子どもたちのノートを見ながら，「おっ，面白そうな考えが浮かんだようだね」というように考えを「認める」言葉かけをおこなうとともに，その際子どもたちが考えを作り出した時の方法のよさ（方法の価値）を評価すること。

③個の考えを全体で共有させる

　一人の子の考えを学級全体での共有を促すこと。（子どもたちが解決への道筋を考えているとき，机間巡視をしながら子どもたちの活動をつぶやくように紹介していった。例えば「○○さんは，前に学習したことをもとに考えているんだね」のようにつぶやくことによって考えの共有を促した）

　以上のような言語活動を行いながら，考えの共有を図ることができたと思う。

　ともすれば，算数の学習では正解を求めることを重要視するあまり，子どもたちの思考の道筋が置き去りにされることが多い。しかし，算数の学習で本当に大切にされなければならないことは，既習のことをもとにしながら，課題へ向き合い，課題の解決へ向かっていこうとする子どもたちの思考の道筋ではないかと考える。そして，その道筋を「引き出し」，「認め」，「共有」していくことによって，学級全体を思考する集団へと変えていくことにつながるのではないかと考える。だからこそ教師の言葉かけは（教師の言語活動）その作用を促すものでなくてはならないと思う。そのような教師の言語活動と思考に満ちあふれた学習活動を日々展開していけば，考えたくて仕方ない子どもたちを育てていくことにつながるのではないかと考える。

「どう数えたの？（一人の考えを共有しよう）」　**３５**

| **5年** | 割合 | （前田一誠） |

場面の状況を，子ども自らがつくり出していくために

「何が同じ？」

問題とねらい

> **問 題**
>
> 【問題①】 360 円が 20 ％引きになる。
>
> 【問題②】 20 ％引きで 360 円になる。
>
> 【問題③】 20 ％のもうけをふくんで 360 円になる。
>
> 【問題④】 360 円に 20 ％のもうけがつく。
>
> 安い順に並べましょう。

　同種の 2 量の割合については，例えば，飛行機の混みぐあいの問題で，130 人の定員に対する乗客数 117 人の割合といったときに，定員 130 人を「1」（基準量）として見なければならない。このように，いろんな数を基準量の「1」として置きかえて見ていくことに，子どもは抵抗を感じている。

　そこで，①数に実体がないこと，②いろんな数を「1」としてみることを克服しようと授業づくりを行う。

教師の言語活動のポイント

　同種の 2 量間の倍関係をとらえさせるのに，以下の 2 点を工夫して授業を展開する。

①倍関係を一文に単純化し，問題場面をイメージすることを丁寧に行う。

②同じ値段（基準量・比較量），同じ倍関係（割引・割増）のものが存在し，解釈が分かれるような（混乱を招くような）表記にしたり，似たような数値及び表記の問題を複数提示する。

教師の言語活動

(1) 中核となる言語活動

先に述べた，①数に実体がないこと，②いろんな数を「1」としてみること。この2つを克服するために，次の3つを盛り込んだ授業を構想した。

○ 問題場面を細部にこだわって読み取り，場面の状況を子どもたちが言語を補い合いながら，つくり出していくようにする。

○ 問題場面から，「基準量」「比較量」の2量を意識して取り出し，2量を，言語（数式・言葉）によって見える形にして表すことをくり返す。

○ 関係を表す「割合」を他の数（基準量・比較量）とは区別し，矢印と併記して表させる。

(2)「同じなのは何か？」によって並べ方が変わる

【問題①】360円が20％引きになる。

→ $360 \times (1 - 0.2) = 288$　（割引後の値段）<u>288円</u>

【問題②】20％引きで360円になる。

→ $450 \times (1 - 0.2) = 360$　（もとの値段）　<u>450円</u>

【問題③】20％のもうけをふくんで360円になる。

→ $300 \times (1 + 0.2) = 360$　（仕入れ値）　<u>300円</u>

【問題④】360円に20％のもうけがつく。

→ $360 \times (1 + 0.2) = 432$　（割増後の値段）<u>432円</u>

安い順に並べましょう。

問題①は，割引前後の値段の関係をとらえるためにある。そこで，「360 円を（・）20 ％引きする（・・）」という表記ではなく，あえて混乱を招くような「360 円が（・）20 ％引きになる（・・・）」とする。こう表記することによって，問題場面の解釈が 2 つに分かれる。この 2 つの解釈の違いは，必然的に倍関係のとらえ方のちがいである。問題を解釈し，その違いを検討していくことを通して，子ども達は，倍関係（×□）の見方へ，自然と意識が向いていくことになる。

また，このように一文で提示された問題は，その前後の状況説明が不十分である。そのため，場面の前後を子どもが補いながら考えなければならない。場面の状況を，子ども自らがつくり出していくことになる。

次に，実際の授業で出てきたある子どもの発言を紹介する。

「360 円が 20 ％引きだったら，（黒板に T シャツの絵を描き始める）この安くなった T シャツが 360 円で，これは 80 ％，こうなる前が 450 円で，これが 20 ％引きになるってことで，こっちの（もうひとつの考え）360円の 20 ％引きっていうのは，この 360 円のが 20 ％引きになって 72 円になったってことだから，こっちの式は，360÷0.8 になって，こっちは360×0.2 をして 72 円になるってことなんだと思います」

言葉と式，そして絵図に表し，かつそれらを指し示しながら話している。自分なりにイメージした倍関係の場面を表現している。このように，場面の状況を，子ども自らがつくり出していくことは，本時の倍関係を捉えことをねらった授業に限らず大切にしたい姿である。

ややもすると教師は，解釈に困らない，分かれないような完全なる場面や文章を提示しようとしがちだ。しかし，不十分な問題場面の提示によって活動が生み出されていくことがあるし，場面（この場合は 2 量の倍関係）を捉えることに有効にはたらくことがある。

次に，問題①と似たような数値と表記の問題を複数提示した。全部で 4 つの問題を似たような数値と表記にしたところが重要だ。こうすることによって，

38 5 年 割合

子ども達は，問題①と比べながら見ていくことになる。その結果，子ども達の意識は，自然と２量の倍関係へと焦点化されていくこととなる。つまり，「同じものは何か？」を見ようとする。

　そこで，「何が同じ？」という教師の言語活動が必要となり，子どもたち同士の対話を活性化させていくことになる。ここでの教師の言語活動で注意すべきは，「何が同じ？」以外の発話を，極力控えること。教師の言語活動で，最も重要だと考えていることは，「不必要な言語を発信しない」ことである。教師の必要ではない言語によって，子どもの活動が停滞したり，停止したりすることは多い。

(3) 分類活動を通して倍関係のちがいを捉える

　問題①についての検討を終え，倍関係を確認した後，問題②〜④を同時に提示する。子ども達からは，安い順に短冊を並べ換えながら，

「さっきの考えは，問題②のことだ」

「問題①と②は同じだ」

「いや，全部ちがうよ」

などといった声が聞こえてくる。このタイミングで，「問題①と同じものがあるの？」と問い返したい。（おそらく）教室が，ざわつく。

　その後，「この４つの問題を２つに仲間分けできる？」という活動に展開していくことが考えられる。

　自力解決だけでなく小グループを活用したい。なぜなら，場面を共有させることが最たる目的だからだ。次のような考えが出てきた。

　あるグループの考えを発表させた後，そのグループが考えたこと，つまり，分類の視点を，みんなで想像（解釈）していった。その結果，この仲間分けの視点は，「基準量を求める問題」と「比較量を求める問題」という言葉で結論づけられることとなった。

　この分類活動は，問題文を，基準量はどれなのか，比較量はどれなのか，そしてそれら２量の倍関係はどうなのかと見ていくことを意識させる上で有効だ

「何が同じ？」　**３９**

と考える。

　一方で，この活動は，問題数が多すぎるとの指摘も予想される。これについては，子どもの実態に応じて，問題数を減らしたり，常に問題①と比較させながら1つ1つの問題を検討していくなど，問題提示の仕方を工夫することもあってよい。

(4) 割合に対する抵抗感はどこからくるのか

　子ども達は，なぜ，割合の学習に対して，抵抗感を抱くのか。私は，数に実体がないことを第1に考えている。

　割合は，別に「無名数」という呼び方をされることがある。「花畑の面積は60 ㎡で，これは畑全体の面積の20 %にあたります。」といった場合，「60 ㎡」という数は，それ自体に意味がある。そのため，60 ㎡を実際に見たり，頭の中でイメージしたりできる。しかし，もう一つの「20 %」という数そのものに意味はない。なぜなら，「20 %」は，花畑と畑全体という2つの面積の関係

を表すものだからだ。面積を頭の中でイメージすることはできても，関係をイメージすることは難しい。イメージは，具体物などで目に見えるものに置きかえて表現すると捉えやすいのだが，関係を表すことは，そう容易なことではない。子ども達は，「関係」を捉えることや表すことに戸惑っているのである。だからこそ，言語（数式・言葉・絵図……）によって補いながら関係を見出していく「活動」が必要となる。

　本実践では，割合の学習におけるつまずきが，①数に実体がないこと，②いろんな数を「1」としてみることにあるとみて，授業づくりを行った。くり返しになるが，これらは，一朝一夕に克服できるものではない。日々の授業の中で，2量を倍関係で見ていくことの積み重ねによってのみ克服できるものと考えている。異学年・他単元・他領域と関連させた指導が必要である。

教師自身の言語活動の振り返り ・・・・・・・・・・・・・・・・・・・・・・・・・・・・・・

　「当たり前」という言葉の語源は大きく二つあるようだ。そのひとつは，みんなで収穫したものや，狩りや漁で手に入れた時の一人当たりの取り分のことだったという。当たり前が当たり前ではなかった時代があったようである。

　「言語及び言語活動」のない学習は存在しない。これは当たり前のことで，言うまでもないことだ。しかし，この当たり前のことを充実させようという動きが盛んである。これまでの算数科の授業は，言語活動が充実していなかったのだろうか。いや，そんなことはないと信じている。これまでの授業実践に学ぶことは多い。

| 6年 | 比 | （中村潤一郎） |

子どもの問いを引き出すために

「それってどういうこと？」

問題とねらい

> **問　題**
>
> 　鬼ごっこでつかまえやすいのは，どちらでしょうか。

　教え込む授業はしたくない。そう思っていても，子どもにとって新しいことが"ポン""ポン"と出てくるようでは，教え込みの危険性がある。

　教え込むような授業を変えたい。そのためには，"ポン"と新しいことを子どもに与えていくのではなく，子どもが経験したことをつなげていく，というようにすることが大切である。

　比の表し方は，本単元で初めて学習する。二つの数量の大きさを比較し，その割合を表す場合にどちらか一方を基準量とすることなく，a：bというように簡単な整数の組を用いて表すのが，比の表し方である。これまではどちらか一方を基準量にして，「AはBの3倍」「BはAの$\frac{1}{3}$」というように表してきた。それが，どちらか一方を基準量としなくてよい，となる。比の表し方が子どもにとって"ポン"と出てくることのないよう，既習の割合の表し方と関連づけるねらいが，この問題にはある。

教師の言語活動のポイント

　鬼対逃げる子の関係（割合）は，既習の割合の考え方で表すことができる。しかし，その方法では「おかしい」「うまくいかない」と感じると，これまでの方法を見直し，うまくいく新たな方法を獲得しようとする。つまり，いかにして子どもに「これでは困る」と思わせるか。比の導入には，「今までのやり方でできる！」という自信を揺さぶる発問・切り返し

42　6年　比

> が鍵になる。

教師の言語活動

① **「つかまえやすいのはどっち？」で，既習の割合の考え方を引き出す**

「今日は，鬼ごっこをします」

「やったー！」「えーっ，どういうこと？」

予想通りの素直な反応で，教室は賑やかになる。外発的な動機付けとはいえ，まずは笑顔になって授業を始められるようにしたい。

> 教えたいこと，教えなければならないことはある。しかし，それをストレートに子どもに伝えることはしたくない。授業では，子どもの素直さを表出させながら，子どもがやっていることは，実は算数（数学的な内容）だとする流れをつくりたいと思っている。号令にしたがって挨拶をし，教師の動きをじっと待っている子どもを，いかにして素直にさせるか。その思いで発した第一声が，「鬼ごっこをします」だった。

「鬼ごっこをします。鬼がつかまえやすいのはどちらでしょうか」

こう話して，次の2つの図A，Bを提示した。

（●：鬼，○：逃げる子）

[鬼2人，逃げる子6人]

[鬼4人，逃げる子8人]

「そうか，分かった」の声とともに，「えっ？」の声も聞こえてきた。この「えっ？」という呟きの発生こそ，子どもが考えるきっかけとなる。この子の思いを全員で共有しようと考え，何が「えっ？」なのかを尋ねることにした。

指導案にはよく，「学習問題を作る」と書かれた場面がある。この学習問題とは何だろうか。教師が板書し，子どもが静かにノートに写す「〜について考えよう」の文言のことであろうか。いや，違う。

　夏休みに出す宿題を「夏休みの課題」とはいうが，「夏休みの問題」とは言わない。教師が与えるものは「課題」であり，「問題」とは，子どもの内から湧き起こる疑問のことだと考えれば分かりやすい。

　学習問題をつくる場面，耳を澄ませて子どもの「えっ？」の声を探していた。「えっ？」の聞き返しは，一人の子どもがもった問題意識を全体に広げる役目を担うものだった。

「だって，どっちも同じだと思うから……」その子は答えた。

「いやいやいや」「ちょっと待って！」

　我先にと挙手をして反論しようとする子どももいたが，それを制して全員に，「何が同じだと思ったのだろうね？」と発問した。

　同じ内容の授業を別の学級で行ったときには，「なんで同じだと思ったんだろうね？」と発問した。「何が」と「なんで」，ちょっとした言葉の違いだが，その後の反応は全く異なるものとなった。「なんで」と尋ねた方は子どもの発言も少なく，教室の雰囲気は重たいものとなった。

　そういえば，子どもの不適切な行動を指導する際，「なんでやっちゃったの？」と尋ねても，子どもはじっと黙っていることが間々あることを思い出す。「なんで」の発問に理由を答えることは，子どもにとって，こちらが思っている以上にハードルが高いことなのかもしれない。

　ＡもＢも，鬼の人数と逃げる子の人数の差は同じ4人になっている。だから，この子は「つかまえやすさが同じ」と考えたことが分かった。

「でも，でも！」と，伸ばした手を振りながら教師に叫ぶ子どもがいる。

　しかし，あえて揺さぶりをかけるようにして，次のように話す。

「いや，同じでしょう。何が『でも』なのよ？」

> 　ずっと手を挙げた子どもは，もう，話したくて仕方がないという顔をする。にもかかわらず，ここであえて揺さぶりをかけたのは，ワンテンポ時間をつくるため。大多数の勢いに乗り遅れてしまった子どもを置いてきぼりにしないように，一度立ち止まってから指名しようと考えていた。

　「確かに差は同じだけれど，もしも，自分が鬼の1人だったら，Aは3人つかまえて，Bは2人つかまえればいいから，Bの方がつかまえやすい」
　「えっ，3人とか2人とか，どういうこと？」
　この聞き返しに対して，子どもたちは次のような図や式で説明することができた。

鬼1人がつかまえる人数
　A　6÷2＝3　　3人
　B　8÷4＝2　　2人

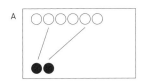 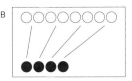

　こうして，AとBのつかまえやすさを比較することはできた。が，ここまでは既習の考え方で解決可能だったわけで，新たに比を学ぶ必然性がない。
　そこで，もう一つ，Cの場面を提示して，子どもの「えっ？」の呟きを引き出そうとした。

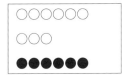

　図Cは，鬼6人，逃げる子9人である。子どもたちはすぐに「鬼1人あたりの人数」を計算し始めた。
　9÷6＝1.5　　1.5人
　「Aは3人，Bは2人だった。Cは1.5人をつかまえればいいから，Cが一番つかまえやすい」
　迷わず答える子どもたちに，次のように問いかけた。
　「1.5人つかまえるって，どういうこと？」

②「1.5人ってどういうこと？」で，困った事態に直面させる

「えっ？」
「言われてみれば……」
「鬼ごっこで1人と半分つかまえるって変だなあ」
「もはや鬼ごっこではない」

　計算で求めた答えをそのまま当たり前に用いて表現していた子どもたちは，教師のこの問いかけによって，「うまく説明できない。どうしよう」という困った事態に直面することになる。

「そうだよなあ。実際はどのようにつかまえようとするのだろう」

> 　半ば強引さはあるが，現実の場面を話題にしながら，既習の割合の考えを使った表現の不都合さに気付かせようとした。計算した答えを絶対的なものと考えている子どもに対しては，「1.5人だよ，1.5人。鬼だったらどうつかまえるってことよ」と発問して揺さぶりをかけた。

「鬼だったら，どうつかまえるのかなあ」
　子どもたちは図を見て，鬼の動きを想像した。1.5人つかまえるという表現の不都合な部分，「0.5人」のところを図で見ると，鬼2人で逃げる子3人をつかまえていることに気付いた。

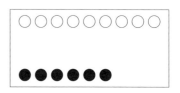

「分かった！」
「分かった？　今度は，『もはや鬼ごっこじゃない』なんてことはない？」
「ないない！」
「じゃ，どういうこと？」

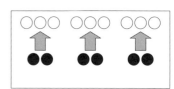

　勢いよく子どもの手が挙がる。指名された子どもは上の図のように矢印をかきこみながら，「鬼2人で3人つかまえるということだと思います」と説明し

た。

「そうそう，2対3の戦いなんだよ」

　この発言が出たところで教えることの潮時を感じ，「2：3」の比の表し方を指導した。こうして，「1人あたり1.5人」の場面は「2：3」とも表せることが分かったところで，授業を終えた。

教師自身の言語活動の振り返り ・・・・・・・・・・・・・・・・・・・・・・・・・・・・・・・・

　本時の素材は，鬼ごっこだった。鬼ごっこだと比の表し方のもとになる「○対□」の表現が，教師が突然"ポン"と出さずとも，「鬼対逃げる子」の人数の様子として子どもの言葉に自然と表れるよさがある。とはいえ，子どもの何気ない発言をつかまえて，「それ，いい表現だねえ」と話すのは不自然極まりなく，教え込みと変わりはない。

　そこで，子ども自身が既習の割合の考え方を見直し，うまくいく新たな方法を獲得していくというようにして，比の表し方を導入しようと考えた。ポイントは，いかにして子どもに「このままでは困る」と思わせる発問・切り返しをするか，だった。

　1.5人つかまえることに対して，「どういうこと？」「本当に，分かったの？」の発問・切り返しを，目を細め，ゆっくりと疑うような声を出しながら挑発するように行うと，子どもたちは何とかしなければという思いをもって，俄然，解決に張り切り出した。

　ただ，こうすると，簡単には納得しない教師 vs 子どもたちという図式で授業が進むため，子どもたちの発言は，学び合いというより教師へ向けたものばかりになってしまった。この点が課題である。

「それってどういうこと？」　**47**

4年 | **わり算**　　　　　　　　　　　　　　　　　　　　　　　　　　　　（佐藤純一）

子どもの考えを明確にするために
「どうしてその数が3の段と言えるのかな？」

問題とねらい

> **問題**
>
> 　1　2　4　5　7　8　の6枚の数字カードの中から2枚を選んで，2け
> たの3の段の答えを作りましょう。そして，その答えがどうして3の段
> と言えるのかを説明しましょう。

　4年生のわり算になると，わられる数がかけ算九九の範囲を超えるため，頭
の中で「3×□＝42」という式は分かっているが，答えの「14」を見つけるこ
とはなかなかできない。そこで，答えの「42」の数構成を考えさせ，分解して
みることで，「3×□」の式を考えさせてみた。

教師の言語活動のポイント

　例えば「42」だったら，予想している反応は次のようになる。

① 3の段は3つずつ増えていくから，27の次からは30，33，36，39，
　42となるので，「42」は3の段と言える。

② 「42」を半分に分けると，「21」と「21」になる。「21」は3×7なの
　で，3×7が2つ分で「3×7＋3×7＝3×14」と言える。

③ 「42」は「30」と「12」に分けることができる。「30」は3×10，「12」
　は3×4なので，「42＝30＋12＝3×10＋3×4＝3×12」と言える。

　ところが，子どもの興味・関心は全くちがう方向に進んでしまった。

48　　4年　わり算

教師の言語活動

(1) 子どもの発言に対しての教師の反応

①実際に6枚の数字カードの中から2枚を選び，2けたの3の段の答えを見つける場面

　子どもたちは，「12」「15」「18」「21」「24」「27」という，かけ算九九の範囲内の数はすぐに見つけた。しばらく様子を見ていると，九九の範囲を越えた「42」「45」「48」「51」「54」という数を見つける子どもが多数出てきた。そこで私は，「じゃあ，みんなで作った数を言ってみよう」と呼びかけた。子どもたちが「12」から言い始め，「42」「45」と言ったところで私は「ストップ！」と声をかけた。「そんなにたくさんあるのかい？　一番大きな3の段の答えは『27』じゃないの？」と言った。すると何人かの子どもたちから，「だって，3の段は3つずつ増えていくから，27の次は30で，その次は33で，もっともっとあるよ」という声があがり，黒板に12から3つずつ増える数を書いてくれる子もいた。その数を見て，多くの子どもたちが納得している様子だった。この時，黒板に書かれた数は，【12，15，18，21，24，27，42，45，48，51，54，57】である。

　私はこの数をカードに書いて，小さい順に並べることはせずに，あえて黒板にランダムに貼った。なぜなら，すぐに子どもが数のカードを並べ替えてくれると思っていたし，「新しく作った数は，いずれも今まで学習した3の段に『30』を加えた数になっている」と，気づくと思っていたからであった。そして，「それなら新しく作った数も，まちがいなく3の段の答えといえるね」と，子どもたちが理解できるだろうと想定していた。

　　　今までに学習した3の段　⇒　12，15，18，21，24，27 ─┐
　　　　　　　　　　　　　　　　　↓　↓　↓　↓　↓　↓　　+30
　　　新しく自分で作った3の段　⇒　42，45，48，51，54，57 ◄─┘

「どうしてその数が3の段と言えるのかな？」　**49**

②黒板に並べられた数のカードを見て，あるきまりを発見した場面

　突然，A君が「先生，面白いきまりがあるよ」と発言。私はついに見つけ
くれたかと期待して聞いていたら，「どれも反対の数がある」と言う。どうい
うことかよく分からなかったので，黒板に出て数字カードを操作してもらう
と，次のように横に2つの数のカードを並べた。

　　　「12」⇒「21」，「15」⇒「51」，「24」⇒「42」，「45」⇒「54」

　黒板に貼られた数のカードを指しながら，他の子どもに「反対の数ってどう
いう数のことなの？」と問うと，「一の位と十の位を入れ換えた数のこと」と
答えた。私は，多くの子どもが頷いているので，「みんなが作った数の中でま
だ出ていない数があるみたいだけど，それはどうなのかな？」と投げかけみ
た。子どもたちに「72」「75」「81」「84」も3の段の答えになるのではない
か，と考えてほしいという思いからだった。

　ところが意外な方向に授業は展開してしまった。
今度はB君が「先生，まだきまりがあるよ」と言っ
て黒板に貼った2枚の数カードを，次のようにたて

12	15	24	45
+21	+51	+42	+54
33	66	66	99

に並べた。そして，「2つの数をたすと，どれも3の段の答えになる」と言っ
た。

　私が「それってどういうこと？」と尋ねると，C君が「本当だ，答えが『33』
『66』『99』になっている」と言って驚いていた。他の子どもたちも「数がゾロ
目になっていて面白いね」という感想の声。私はこの時，「その数がどうして
3の段の答えになるの？」と問い返したかったが，すぐにまたD君が反応し
て，「2つの数を引いても，どれも9の段の答えになるよ」と発言した。

　すぐにE君が黒板に出てきて，数のカードを先程とは上下を逆にして並べ
てくれた。多くの子どもたちが，もう私が何も言わなくても，「本当だ『9』，
『18』『36』になっている！」と言って驚いていた。私は，子どもたちの反応，
展開の速さにただ驚くばかりで，ついていくのが精一杯になっていた。だか

50　　4年　わり算

ら，どんな問いを返したらよいか考えられず，言語活動を行うことも膨らませることもできなかった。と同時に，多くの子どもも，この展開につけていけていないと感じていた。

21	51	42	54
−12	−15	−24	−45
9	36	18	9

（2）授業展開を変えるための働きかけ

この段階で，私は今までの授業を振り返って，気になっていたことが3つあった。次のことである。

ア．6枚の数字カードから2枚を選んで作った3の段の答えの数が全部出ていないこと。
イ．一の位と十の位の数を入れ換えた数は，本当に3の段の答えになっているのか，確認していないこと。
ウ．2枚選んで作った数をたしたり，引いたりしてできた数は，本当に3の段の答えになっているのか，確認していないこと。

そもそも今の展開のままでは，2枚選んで自分が作った数が，「どうして3の段の答えといえるのか」というねらいを達成することはできない。そこで私は，上記の「イ」を取り上げて，授業展開を立て直すことにした。そして，次のように子どもたちに問いかけた。

「さっき，一の位と十の位を反対にした数が3の段の答えなっていると言っていたけど，どうして3の段の答えって言えるのですか？」
（展開の修正）子どもたちは「12」⇒「21」については，どちらも3の段の答えであることは分かっている。だから，おそらく「15」⇒「51」，「24」⇒「42」，「45」⇒「54」もそうなんだろうと思っている。その点を「式に表す」ことではっきりさせていくことが，ねらいに結びつくことができると判断した。

「どうしてその数が3の段と言えるのかな？」　**51**

私は，一の位と十の位を反対にした数の中で，ある一つの数に絞って考えさせることにした。そして，その数を「3×□」の式で表すことができれば，3の段の答えと言えることにした。

　まず私は，15個のおはじきを黒板にバラバラに置いて，「15が3の段の答えというのは，おはじきがどのように並んでいると，そのように言えるのですか？」と子どもたちに問うた。F君を指名して，黒板のおはじきを動かしてもらうと，右のように並べた。

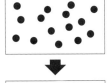

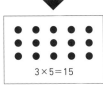

3×5＝15

　「3のまとまりが5つあるということ」と答えた。私はその時，「式で表すとどうなりますか」と問うた。そして，G君から「3×5＝15」という式を導き出した。そこで私は，15の一の位と十の位を反対にした数「51」の数カードを取り上げ，「どうしてこの数が3の段と言えるのかな？」と投げかけた。すぐにH君が，「書き出していけば分かるよ」と言った。

　私は「そうなんだけど，すぐに3の段と分かるには，『51』をどう表したらいいのかな？」と切り返した。するとA君が，「やっぱり式じゃないか」とつぶやいた。私は「それってどういうこと？」と問い返した。B君が「51＝3×□って表せば，3の段って分かる」と言った。

　私はそのことを黒板に板書した。それと一緒に，3つずつ●が20こずつ並んでいる図を配った。子どもたちは●が「51」になるのはどこまでかを探し始めた。見てみると，横に●が10個並んだところに線を引いて，残り7個と分けている子どもが多くいた。3のまとまりが10個で30個になるからという。51個から30個を引くと，残りは21個。これを図に表すと，次のようになる。

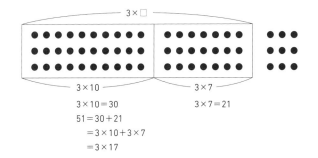

　この図から，子どもたちは「3×10」の式と「3×7」の式を合わせた式が，51を表す式になることがはっきりと分かった。そしてすぐに，「だったら，60は『3×20』だね」というつぶやきが聞こえた。

教師自身の言語活動の振り返り

　今回の授業を振り返って反省すべき点は2つある。1つは「授業のねらいと展開のずれ」である。まだ3の段かどうかが分かっていない数のカードを並べていく発想は悪くないが，教師が描いていたきまりと子どもが見つけたきまりにずれがあった。そのずれの展開に教師が対応できず，言語活動が停滞してしまった。ずれの発想にも，「どうしてそう言えるのか？」と教師が素早く対応して切り返していけば，ねらいに到達することができただろう。

　もう1つは「3の段かどうかを説明する根拠」である。図があると分かりやすいと考えているのは教師側だけかもしれない。今回であれば，ただ単純に「51をいろいろな式で表してみましょう」と子どもたちに投げかけても良かったかもしれない。その中で説明の補充として，「図があった方が分かりやすい」と子どもの側から感じられる言語活動を行う展開にすべきであった。九九の範囲を超えた数を「3×□」の式で表すことを考えることが，わり算の考え方の基になっていることが伝わっていると嬉しい。

　もし，図を使って考えさせるのであれば，●が3つずつ51こ並んだものを提示し，「3×□＝3×○＋3×△」となる式を考えさせればよかった。

3年　分数　　　　　　　　　　　　　　　　　　　　　　　　　　　　　（大野桂）

意味理解を深めるために
「(寄り添い，揺さぶり，惚ける)」

本時の問題とねらい

(1) 問題とねらい①：1mの$\frac{3}{4}$は$\frac{3}{4}$m

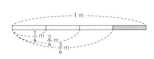

1mの紙テープを4等分に折り，その1つ分を切り落としたときに残った紙テープの長さは，「1mを4等分したうちの3つ分なので$\frac{3}{4}$m」と考えることができる。

(2) 問題とねらい②：80cmの$\frac{3}{4}$は$\frac{3}{5}$m

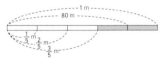

80cmの紙テープを4等分に折り，その1つ分を切り落としたとき，残った紙テープの長さについて，「1mをもとにしたときには5等分されているから$\frac{3}{5}$m」と考えることができる。

教師の言語活動のポイント

本実践の重点は，誤答である$\frac{3}{3}$mを修正していくことである。

そのために，まずは，$\frac{3}{3}$mを誤答としてではなく，答えの1つとして取り上げ，「なぜ$\frac{3}{3}$mと答えたんだろうね」と，$\frac{3}{3}$mに至った経緯と意味を学級全員で探ることから始める。

$\frac{3}{3}$mと答えた意味が学級全体に浸透したら，「じゃあ答えは$\frac{3}{3}$mなんだね！」と揺さぶりをかけることで反論を促し，その反論に対し，教師が惚けながら聞くことで，$\frac{3}{3}$mをどう修正していけばよいかを明らかにさせていき，"1mをもとにする"ということを明確に捉えられるようにする。

次に，紙テープの長さが80cmを4等分した3つ分の場面に直面させ，その場合も「$\frac{3}{4}$mでいいよね」と揺さぶりをかける。それに対して反論してくる言葉を惚けながら聞いていくことで，子どもが"1mをもと

> にする"ということを明確に捉えられるように促していく。

教師の言語活動

(1) 「どうしてその答えに行き着いたんだろうね？」と問いかけ，誤答の意味を明らかにするよう促す

　前時に，「1mを2等分したうちの1つ分を$\frac{1}{2}$mという」ということを，実際に1mの紙テープを半分に折るという作業を通して学習した。

　本時も前時同様，紙テープを提示し，それを半分の半分に折って見せた。次に，紙テープをひろげ，4等分されたうちの1つ分を切り落とす作業を見せ（切れ端は床に落ちる），残った方を提示し，「これは？」と，一言問うた。

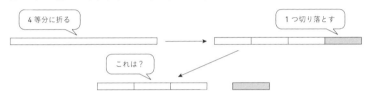

　机間巡視をすると，ほとんどの子どもが「$\frac{3}{4}$m」としていたが，3人の子どもが分母を「3」にしていることが分かった（※$\frac{3}{3}$→2名，$\frac{□}{3}$→1名）。提示したテープは3等分されていることから，素直に「$\frac{}{3}$」とし，"1mをもとにする"ということが考えられていなかったという訳だ。

　誤答を示した人数である"3人"は，学級の1割である。「前時の適用題なので，この誤答をあえて取り上げて扱う必要はない……。いや，この3人以外にも，実は"1mをもとにする"ということを理解していない子どもがいるかもしれない……」と，私は授業の進め方を悩んだ。悩んだ末，「ノートをみていたら，答えが2通りありました。その1つは「$\frac{}{3}$」という答えです」と，まずは誤答を誤答と言わずに学級全体に紹介することとした。そして……，

> 「$\frac{}{3}$という答えた人は，どうしてその答えに行き着いたんだろうね？」

と問いかけ，誤答に至った経緯を学級全体で考える授業の流れにシフトした。

すると,「分かる。$\frac{3}{3}$mって答えたんでしょ」と,数名の子どもがつぶやいた。そのつぶやきを取り上げ,「どうして$\frac{3}{3}$mと思ったの?」と問い返すと,「だって,紙テープは3等分されているでしょ。だから,その3等分を見て$\frac{1}{3}$にして,3つ分だから$\frac{3}{3}$mと思ったんだよ」と述べた。

このように,誤答を修正するために,まずは誤答に至った経緯を学級全体で理解することから始めたのである。

(2)「答えは$\frac{3}{3}$mでいいんだね!」と誤答に乗り,揺さぶりをかける

誤答に至った経緯が学級全体に浸透したと感じた私は,

> 「なるほど,じゃあ答えは$\frac{3}{3}$mでいいんだね!」

と誤答に乗っかることで揺さぶりをかけ,子どもの反応を待った。

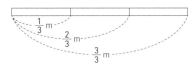

すると,なんと$\frac{3}{4}$mと正答を求めていたうちの数名が,「答えは$\frac{3}{3}$mだったんだ!!」と自らの答えを変えた。私の読みは的中していた。やはり"1mをもとにする"ということを理解していない子どもは多数いたのである。

私は「$\frac{1}{3}$」を誤答としてではなく,1つの答えとして取り上げた。だから,「$\frac{1}{3}$」へと至った経緯や意味が浸透したら,「じゃあ,それが答えだね!」と誤答に乗っかり,正答を求めていた子どもに揺さぶりをかけことで,子ども達を一度立ち止まらせ,もう一度深く思考する場を設定したのである。

(3)「……って,なんのこと?」「……だと何かいいことあるの?」と惚けることで,修正点を明らかにしていく

「$\frac{3}{3}$が正答なのでは」と混沌としたが,「そうじゃない 紙テープを切ったでしょ!」と食い下がる子どもが現れた。「切ったって,なんのこと?」と惚けてみせた。すると「床に切れ端が落ちてる!!」と,さらに食い下がる。まさに

"1mをもとにする"という量分数の本質に迫る瞬間である。

しかし，食い下がる子どもたちのやり取りを聞いている他の子ども達の表情が濁っている。この表情から，まだこの話の意味を理解できていない子どもが多数いると感じた私は，「この切れ端が大切なの？　捨てたものなのに……」と問いかけ，そして，……

> 「この切れ端があると何かいいことがあるの？」

とさらに惚けた。そして，「この切れ端をどう使おうと思っているんだろうね。隣の人と相談してみて」と話し合いの時間を取ってみた。

すると，「あっ，そうか！　1mにするんだ」「1mが何等分されているかを考えないといけないんだ」という声が多数挙がった。そして，切れ端をつければ，3等分ではなく，1mが4等分されているということになるから，$\frac{3}{4}$mということになる」という発言がなされ，全員納得のうえ，話がまとまった。

このように，"誤答に対して恐れず向き合い，誤答の意味を追究することで修正点を明らかにすること"で，深い意味理解へと誘ったのである。

(4) 一旦した「理解」に，再度「揺さぶり」をかけ，「理解」を深める

ここまで子どもが話し合ってきた紙テープには実は仕掛けがある。その仕掛けを明らかにすべく，「$\frac{3}{4}$mの紙テープは，1mを4等分した3つ分だから75cmになっているはずだよね。本当に75cmか測ってみよう」と実測を促した。すると，「あれっ，60cmしかない。もしかして，紙テープ1mじゃなかったの？」という反応がきた。「おかしいな，先生，切り間違えしちゃったのかな？　もとのテープの長さはどれだけだったんだろうね」と，もとの紙テープの長さの測定を促すと，「3つ分で60cmだから，1つ分が20cm。4等分して切る前は，4つ分だから80cmだ」と，もとの紙テープの長さを決定し

た。そう，私は紙テープの長さを1mではなく80cmに設定しておいたのである。それは，もとを1mでなくしておくことで，"1mをもとにしなくてはならない"という必要性を引き出したかったからである。そしてここで，

> 「でもまあ，4等分したうちの3つ分の長さなんだから，もとのテープの長さが80cmだとしても$\frac{3}{4}$mでいいんでしょ？」

と揺さぶりかけてみた。

「1mをもとにしていないから$\frac{3}{4}$mじゃない」という返答が間髪入れずきた。続けて，「1mを5等分している」という声が挙がる。しかし，「5等分」という意味を理解していない表情が多数見受けられた。そこで，「どこに『5等分』があるの？ 切り落とした紙テープをつなげても，4等分にしか見えないけど……」とさらに惚ける。すると，「その切れ端がもう1つあれば5等分が見える」という声が分かった。

そこで，「えっ，この20cmの紙テープがもう1つあると5等分が見えるの？」と惚けながら，20cmの紙テープをもう1本用意した。子ども達は「5等分」が見えたのかざわついた。このタイミングで，「この切れ端をどうしたら『5等分』が見えるの？」と問うた。その答えは次の通りであった。「20cmの切れ端をもう一つつなげると1mになるでしょ。そうすると1mが5等分されていることになって，60cmは3つ分にあたるから，$\frac{3}{5}$mになる」

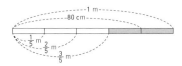

このように，"1mをもとにする"ことを話し合って結論を得た前段から，さらに，1mではなく"実は80cmの紙テープだった"という場面に直面させ，教師の惚ける言動に対し，説明をしていきながら"1mをもとにする"ということを再確認させた。こうすることで子どもたちは，量分数の理解を深め

たのである。

教師自身の言語活動の振り返り ••••••••••••••••••••••••••••••••••••••

(1) 誤答に寄り添う意義

　もし私が誤答を取り上げず，正答を取り上げて授業を進めたら，誤答だった3人の子どもはどう思うだろう。想像するに，「先生は見回ってノートを見ていたんだから僕が間違えていたのを知っていたよね。でも，結局，正解の子の話を聞いて進めちゃうんだ。なんか，つまんないな……」と感じてしまう子どもがいるかもしれない。これでは，子どもと対話をしながら授業をしていることにならない。「誤答をしたことの意味や理由を徹底的に考え，その修正点を明らかにし，自ら正答に行き着く」ことこそが，その子の確かな理解に繋がるはずである。

　これは誤答の子どもにとってだけではない。正答を求めた子どもだって，もしかすると塾等で解き方を教えられているだけで，意味を理解していないかもしれない。そういう子どもたちにとっても，誤答を徹底的に吟味することは，本当の意味理解をするという上でも重要となってくるのである。

(2) 誤答に至った心情に迫り，修正を促す

　学級全体で誤答の意味を考えることで，修正点を明らかにする。

　これが授業の重点であった。しかし，もし単純に誤答をした子どもに発表させれば，委縮してしまったり，恥ずかしさから積極的になれなかったりする可能性もあっただろう。そこで，心情に触れる言葉かけをすることとした。

　「～（誤答）という答えを出した人もいるようですね。その人がどうしてそのような答えに行きついたのだろうね？」

　誤答であろうと，答えに行きついたからには，そこに「心」がある。誤答に至った心情に迫れれば，誤答の意味が明らかになるはずだ。そして，意味が明らかになれば，正答へと迫る修正点も明確になってくるだろう。その過程にこそ，学びの本質と真の意味理解，即ち「深い学び」があると考えたのである。

「（寄り添い，揺さぶり，惚ける）」　**59**

5年 体積 　　　　　　　　　　　　　　　　　　　　　　（河内麻衣子）

問いをつくるために
「辺の長さで教えて欲しい数はいくつ？」

問題とねらい

問題

右のような形の体積を求めましょう。

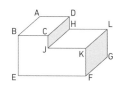

　本時では，あえて辺の長さは提示しなかった。なぜなら，子どもに体積を求めるためにどの辺の長さが必要かを考えさせることで，直方体や立方体の求め方を活用して求めることができることに気づいて欲しかったからである。前時に学習した直方体や立方体の体積の求め方を想起させていくことで，本時の学習目標を達成することにつなげていく。そして，体積を求めるのに必要な辺の長さが何かを考えていくことが，この複合立体の体積をどのように求めようかと考えることになり，解決していく元になる。

教師の言語活動のポイント

①子どもの気付きを引き出す課題提示から解決に向かう問いをつくる
　条件不足の課題提示により，必然的に子どもから「長さを教えて欲しい」と気付きを引き出し，「辺の長さが〇つ分かると解けるのではないか」という問いをつくることにつなげる。
②考えのズレを基に展開していく
　子どもの考えの違いを取り上げていく中で，より良い考えを解決につなげていく。

教師の言語活動

(1) 子どもの気付きを引き出す課題提示から解決に向かう問いをつくる

　左のような形を提示して「今日はこの体積を求めます」と投げかけた。すると，「見た事があるよ」「4年生の時に学んだと思う」と次々と子どもたちの声が聞こえてきた。

> この子どもたちは，面積の学習について想起しているかもしれないと，考えた。そこで「どんな学習をしたか」と問い返すことで，面積の求め方を話題にし，体積の求め方につなげたいと考えた。

「見た事があるよ，とお話ししてくれたけど，どんな学習で見たの？」と問いかけると「面積の学習をしたときに，似たような形を見た」と返ってきた。「Aさんが面積の学習をしたときに，似たような形を見た，と言うけど，みんなは思い出せる？」とさらに，問いかけた。子どもたちの三分の一は忘れているように感じた。面積の学習でどんな事を学んだのかクラス全体に広げることで，「面積を分けて求めた」ということも話題に出来た。

「では，この体積を求めることは出来るね」と改めて問うた。「このままでは解けないよ」と子どもからの返答。

> この発言を理解できていない子もいると感じた。また，この子どもは何かに着目しているからこそ，このように発言したのだと考えた。そこで，この子どもがなぜ「このままでは解けないよ」と発言したのかみんなで考えることにした。

「Bさんが，このままでは解けないよ，と発言したけど，何で解けないと発言したのか想像出来る人？」と問いかけた。「想像出来る」と元気な声が返ってきた。「では，全員手を挙げましょう」と指示をした。理解度を図るためである。「Bさんに聞くので，同じだった人は手を下ろそう」Bさんが「辺の長さを教えて欲しい」と答えると，子どもたち全員の手が下りた。

「辺の長さで教えて欲しい数はいくつ？」

> 　辺の長さを教えてもらいたいことは子どもたち全員が同じであると分かった。しかし，教えて欲しい辺の数や場所は子どもたちによって違いがあると判断したため，子どもたちに図形が書かれたワークシートを一人一枚配って次のように問いかけることにした。
> **「辺の長さで教えて欲しい数はいくつ？」**

　子どもたちに，ノートに教えて欲しい数を書くように指示をした。「4つ」と書いている子どもが6人。「5つ」と書いている子どもが8人いた。考えのズレが見られた。

> 　求め方まで考えて，ノートに数値を書いている子どももいれば，何となく，勘で答えている子どももいるように見受けられたので，出ていない数値をわざと取り上げて，なぜダメなのかを問いかけ，互いの考えを比較しながら，解決に向けてより良い考えを全員で見出していきたいと考えた。

(2) 考えのズレを基に展開していく

　「教えて欲しい辺の数が4つや5つに分かれて，1つ，2つ，3つと考えた人はいませんでした。なぜ，この数字を選ばなかったのかな？」と問いかけた。「1つはあり得ないでしょう」この子どもの言葉には全員が納得。「2つもあり得ないよ」次の考えが続く。「本当に？」問い返した。すると，「面積を求めるなら2つでも良いけど」との返答。面積の求め方を確認した。「では，3つはなぜ書かなかったの？」と問いかけた。「辺の数が少ない，というか……」続けて「3つは教えてもらわないとダメ」という答えが返ってきた。「何で，3つは教えてもらわないとダメなの？」と問い返すと，「直方体の体積は『縦×横×高さ』で求めることが出来るから……でも……」「Cさんがでも……と言いかけたけど，この後どんな話をしようとしたか想像出来る人？」と問うと，何人かが手を挙げた。「3つでも足りない。と言いたかったのだと思う」「どういうこと？」と問い返した。すると，Dさんが黒板の所に出てきて，説明してく

62 　5年　体積

れた。

「（左図参照）辺EFと辺FKと辺KLを教えてもらっても，下の直方体の体積は解けるけど，ここの（頂点ABCDを指しながら）体積が解けない」クラス全体に「Dさんが説明してくれたけど，みんなはどう思う？」と問い返した。「うん，確かに解けない」子どもたちで互いに確認し合う場を設けた。「では，4つの辺の長さを教えるね。どこの場所を教えて欲しい？」

「5つ教えてもらわないと解けないのに」という子どもの声も聞こえてきたが，4つで解けると思い込んでいる子どももいると判断した。よって，本当に解けるかどうかを実感させたいと考え，始めに4つ教えるだけにした。

（左図参照）「辺CJ」「2cmです」「辺EFは？」「9cmです」「辺KFは？」「4cmです。あと1つ知りたい場所はどこですか？」「辺ABか辺DCか辺HJか辺LKのどれか」

　この子どもの発言からは，直方体の体積の求め方を意識していることが読み取れた。よって，なぜ辺4つのうちから1つの辺が分かるとよいのか，全員で共通理解を図りたいと考えた。

「Eさんはなぜ，この4つの辺のうちのどれかを教えて欲しい，と言ったのでしょう？」「縦と横が分かっていても，もう1辺が分からないと解けない。辺EFと辺KFは分かっていて，もう1辺を知りたい時に，辺ABか辺DCか辺HJか辺LKが分かれば，その部分の体積がどのくらいか分かる」と説明してくれた。私は「辺ABは8cmです」と伝えた。子どもたちそれぞれが体積を求め始めた。「4つだと式が完成しない」

「辺の長さで教えて欲しい数はいくつ？」　63

「やっぱり」子どもたちの声があちらこちらから聞こえてきた。

　　複合立体を分割して，式を作る中で，教えてもらわないと解けない数値は□で表している子どもが多かった。14人中12人は4カ所では体積が求められないことに気付いたが，2人は求め方が分からない様子が見られたので，どうして□にしたのか，どのように求めたいのかを問うことで，なぜ4つでは求めることが出来ないのかを検討していこうと判断した。

「4つだと式が完成しない，という声がたくさん聞こえてきたけど，本当に完成させることが出来なかったの？」「うん，出来なかった」「では，途中まででも良いので式を発表してくれるかな？」と切り返した。「9×4×8＋□×8×2になってしまった」みんなでこの子どもの考えを共有していった。

「2つの式が出来ているね。どのように求めているのかな？」「体積を分けて求めている」「では，式の意味を考えていこう」「9×4×8はこの部分（①）のことで，□×8×2はこの部分（②）のこと」と立体を指し示し

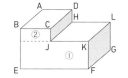

ながら説明してくれた。「Fさんが説明してくれた□はこの立体のどの辺のことかな？」多くの子どもの手が挙がった。「辺BC」

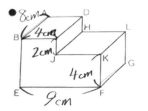

　4つの辺だけでは立体の体積を求められなかったことを確認した。「では，どこの辺を教えて欲しい？」「辺BC」「辺JK」「辺BCか辺JKのどちらか」というそれぞれの返答。辺BCが4cmだと子どもたちに伝えた。

　　分かっている辺の長さが4つの時に，体積の求め方の1つの方法として，2つに分ける方法もあると確認していたため，体積を求めるのに困っている子どもは2人。その他の子どもたちは色々な求め方をしていた。どのように求めたのか，式の意味，どの辺の5つを使ったかを確認していこうと考えた。

発表。「自分の体積の求め方に名前をつけるとしたら，何方式になる？」「分けて求める方式」「穴増方式」など色々な呼び方の案が出された。「分けて合わせる」と「大きい直方体から小さい直方体をひく」という求め方に分かれることを確認した。

　式のみの発表。「8×4×6＋8×5×4＝352 になった」「G さんはどちらの方式で求めたのかな？」問いかけた。「分けて求める方式」G さんに確かめると合っていた。「この立体のどこを分けたの？」と問いかけ，図に線を入れてもらった（右図）。そして，立体の図と関連させながら，式の数値の意味を確認していった。この後，辺 DC，CJ，JK の所に直方体があるとして大きな直方体を作り，その直方体から辺 DC，CJ，JK の所に作った直方体を引く，という考えも共有した。

```
教師自身の言語活動の振り返り
```
・・・・・・・・・・・・・・・・・・・・・・・・・・・・・・・・・・・・

　「問いをつくるために」教師の言語活動で大切なのは，子どもの考えが算数の活動のねらいに結びつくように，子どもの発言を理解し，繋げていき，活動を焦点化していくことだと考える。今回の授業では，体積を求めるための辺が明示されていない課題なので，「辺の長さを教えて欲しい」という言葉が子どもから引き出せると予想していた。そして，活動を焦点化するために「辺の長さで教えて欲しい数はいくつ？」という発問を用意していた。本時は知りたい辺の数は 4 つ，5 つのみだったが，それ以上の数が出ても子どもが試して，必要ないと実感すれば良いと考えていた。しかし，必ずしも予想通りに授業が進むとは限らない。大事なことは，子どもの考えをよく聞くことだと考える。なぜなら，この発言の裏に算数の活動のねらいに結びつく考えが隠れているかもしれないからである。そして，その考えを明確にするために教師が問い返す。授業では，子どもの発言や様子に対して，教師がどう判断し，どう対応するかが重要なのではないだろうか。

「辺の長さで教えて欲しい数はいくつ？」　**6 5**

4年 変わり方 （江橋直治）

子どもの心の動きをつくるために
「言葉が3つ出てきたのなら，式も3つできるはずですね」

問題とねらい

> **問題**
>
> 鉛筆を買ったら，弟に3本あげて，残りを自分のものにします。買った鉛筆の本数△と，自分の鉛筆の本数□の関係を 式に表してみましょう。

　4年生「変わり方」は，ともなって変わる二つの数量の関係を表したり調べたりしながら，数量の関係を表す式をつくることを目的としている。関数的な見方，考え方を伸ばすためにも，最初から無理に式をつくろうとするのではなく，まずは問題場面をしっかりとらえさせることが大切である。その後で，変数を表す記号△や□を使って，式に簡潔に表せることを学ばせたい。

教師の言語活動のポイント

①表にあらわしたり，よんだりする

　「たとえば～だったら……」と仮定しながら場面をとらえ，つくった表から特徴を捉える活動を行う。

②変量を記号を使って式に表したり，よんだりする

　「式をたくさんみつけましょう」と書いてあるわけではないので，式を1つだけ書いて終わってしまうことが予想される。全員が3つの式を書けるような展開を試みたい。式は3つ（△－□＝3，□＝△－3，△＝□＋3）出てくるが，視点による書き方の違いがあるだけで，すべて同じ場面を表していること（同じ式ということ）がつかめるようにしたい。

66　4年　変わり方

教師の言語活動

　教師の言語活動は，指示ではない。子どもの心の動きをつくるためにある。教師が発する言葉はもちろん，文字や式として板書に表れるものまで含めると実に様々なものがあり，ねらいや場面，子どもの反応によって，使いわけたり，増やしたりやめたりすることもあるので，臨機応変に言葉を取捨選択する必要がある。

　　・問いかけ…きっかけをつくる，視点を与える
　　・促し………流れをつくる，変化させる
　　・問い返し…確認する，強調する，ゆさぶる，根拠を問う
　　・価値付け…認める，つなげる，まとめる，広げる

　冒頭のような問題をそのまま出題すると，題意がつかめず取りかかりに時間がかかったり，関係をとらえることもせず問題文中の△，□，3を組み合わせて式をつくったりたりするなど，個人のつまづきが様々出てくることが予想される。
　そこで，次のように問題文を途中まで提示する手法をとり，「場面把握」と「問題解決（式化）」を分けて授業を展開することにした。

　「鉛筆を買ったら，弟に3本あげて，残りを自分のものにします」
（問いかけの意図）全文を提示した場合と比べて取りかかりがしやすくなり，「たとえば〜だったら……」と，仮定しながら場面をとらえようとする子や，「表にするとよい」と発言する子が出てくることを期待した。クラスの足並みも揃い，全体で見通しがもてるようになると考えた。

　黒板に問題を書くと，すぐに子どもたちのつぶやきが聞こえ始めた。
「自分がもらえる鉛筆の本数を答えればいいのだろうか。でも，これだけじゃ分からないよ」

「言葉が3つ出てきたのなら，式も3つできるはずですね」　**67**

「おためしで考えてみたらどうかな。たとえば8本買ったとすると，弟に3本あげて，5本が自分のものになるよね」
「表にかいてみるともっとよく分かると思う」

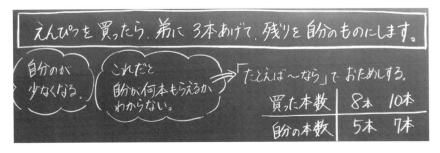

「弟がもらえる鉛筆はいつでも3本だから，表の中に弟の本数を書く必要はないね。表には，買った本数と自分の本数だけを書けばいいと思う」

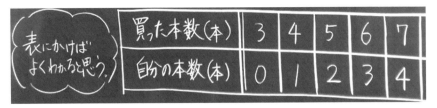

　表をかく活動を行った後，黒板に書かれた表を眺めながら次のようなゆさぶりをかけてみた。

> 「表を見ると，買った本数は『3本』から書き始めていますね。『1本』から書かなくていいのですか？」
> （問い返しの意図）データを批判的に見直す態度を育てるために，ゆさぶりをかけてみた。

「弟に鉛筆を3本あげなきゃいけないから，最低3本買う必要があるよ。表は3本から書き始めるので正解だと思う」
「"残りを自分のものにします"って書いてあるから，自分の分も鉛筆をもらえるように買ってこないといけないんじゃないのかな」

68　4年　変わり方

「ということは，買った本数は4本以上ということになるね」

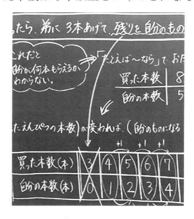

ここまできて，ようやく残りの問題文を板書することにした。

> 「買った鉛筆の本数△と，自分の鉛筆の本数□の関係を式に表してみましょう」

通常であれば，残り時間が気になる時間帯に入っているので，すぐにでも式を書く活動に入るところであるが，今回は更にもう一歩踏み込んで，次のように促してみた。

> 「△と□はどんな関係になっていますか。△と□の関係を，言葉にしてみましょう」

（促しの意図）これまでの授業では，式を1つ書くとそれで満足して終わってしまう子がたくさんいた。自力で3つの式を書かせたいが，「他にもないか考えてごらん」と促すのもわざとらしい。そこで，式を書く前に，表から見出した関係をひとまず言葉にさせてみようと考えた。△，□の視点の違いによって言葉は変わり，それが多様な式づくりに生かされることを期待した。この後「言葉が3つ出てきたのなら，式も3つできるはずだね」と促し，言葉と対応した式づくりの活動に入っていく。

子どもから出てきた言葉は，3つあった。
・「△と□の差はいつでも3本」
・「□は，△より3本少ない」
・「△は，□より3本多い」

> 「言葉が3つ出てきたのなら，式も3つできるはずですね」
> (問いかけの意図) 言葉と対応した式づくりの促し。式は1つではなく3つあることが分かり，その分思考活動は増えるが，表と言葉の2つの情報があるので取り組みやすい。また，1つの表から出てきた言葉を式化するので，つくった3つの式はどれも同じだと感じとりやすい。

【言葉】　　　　　　　　　　　　　　【式】
・「△と□の差はいつでも3本」　　　・△－□＝3
・「□は，△より3本少ない」・□＝△－3
・「△は，□より3本多い」　　　　　・△＝□＋3

　授業の終末，「自分がもらえる鉛筆が12本だったとき，鉛筆は何本買いましたか。つくった式を使って考えてみましょう」という演習問題を出した。自力解決の後，指名したA君は12＋3＝15という式を黒板に書いた。

> 「A君はどうやって考えたのでしょう」
> (価値付けの意図) 説明の際，「まず解決に適した式を選び，その後で数を当てはめた」といった旨の発言が出てくることを期待した。子どもの言葉から，つくった式の利便性と，式選択の有用性を価値付けられるとよい。

「3つ目の式を使ったんだと思う」
「他の式でも答えは求められるけど，ちょっと面倒くさい。この問題なら△＝□＋3が一番いい」
「買った鉛筆の本数が分かっている問題なら，□＝△－3の方がいい」

教師自身の言語活動の振り返り

　表から言葉をつくる場面では，「△から見ると，□は3本少ない」「□から見ると，△は3本多い」といった言い回しの異なる言葉がもっとたくさん出てくることも想定していた。その場合，「言葉が7つ出てきたのなら，式も7つできるはずですね」と発問してそのまま式を書かせる活動に入り，その後に式を整理して3つになることが分かればよいと考えていた。本時はたまたまそうならなかったが，教師は様々な展開を予想し，発問を用意しておく必要がある。

　今から思うと，「△が1本増えると，□も1本増える」という言葉も出てくる可能性もあった。実際の授業でも，表から特徴を捉える場面で，矢印を書き込みながらそのことを指摘する子がいたので，第4の言葉と式が登場した可能性はあった。

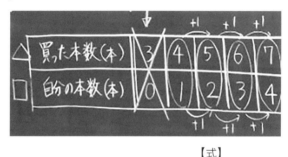

【言葉】　　　　　　　　　　　　　　　【式】
・「△が1本増えると，□も1本増える」　→　△＋1＝□＋1

　この言葉と式が出てきた場合，子どもの方から，「それだと△＝□になってしまう」「△が12本だった場合，□も12本になるから，弟に3本あげていない」という声があがり，自然に除外されるのが理想だが，否定もされずにそのまま残ってしまう可能性もある。このような場合，いったいどんな発問をするとよいだろう。自分なりのアイディアはあるのだが，この本をお読みいただいている先生方のご意見を是非お聞きしたいところだ。

| 3 年 | 分数 | （尾﨑正彦） |

友だちの論理をクラス全員が共有化するために
「ここまでの○○さんの考えは分かるかな」

問題とねらい

問 題

$\frac{1}{4}$ m の正しい分数カードはどれでしょう。

　本時は，教師が提示した量分数の大きさに合う正しい分数カードの図を選択する学習である。1 m のテープを分割した図と，2 m のテープを分割した図を混在させた。一見すると 2 m を基準量と捉えてしまう図を混在させることで，1 m を基準として考えなければ不都合が生じることに気付かせ，正しい量分数の意味理解をより深めていくことをねらった。

教師の言語活動のポイント

　前時までに子どもたちは，分離量を素材（リンゴ・バナナ等）にした分数の大きさを考える問題に取り組んだ。この学習の中で，2 本のバナナの絵を提示し「バナナ 1 本の $\frac{1}{2}$」の大きさを考えさせた。また，連続量を扱う本時の導入問題でも，基準量が 1 枚（ピザ）・1 L（水）・1 m（テープ）の素材を取り上げた。連続量（L, m）の場合にも，基準量の 1 をより意識する布石を打った。

　ところが，2 m のテープが混在した中で，正しい $\frac{1}{4}$ m のカードを探す問題では，2 m が基準量だと主張し続ける子どもが，最後までその見方を見直すことができなかった。そこで，ポイントとなる論理的な考え方を分割して提示し，その背景を探る場面を取り入れることで，正しい基準量を全員が納得することができた。

教師の言語活動

(1) 基準量への意識を価値づける

　本時の導入場面である。子どもたちに次の課題を提示する。
「ピザ1枚の$\frac{2}{3}$を表した正しいカードはどれかな」
　様々な分数に分割されたピザの図を提示した。それにもかかわらず，子どもたち全員が右の正しいカードを選んだ。そこで，「本当にこの（右）カードでいいの」と尋ねた。子どもからは，次の声があがる。

「だって，$\frac{2}{3}$ってピザ1枚を3つに分けた2つ分でしょ」
「もとはピザ1枚だから，$\frac{2}{3}$はこの（右）カードだよ」
　基準量であるピザ1枚を意識した説明である。本時の山場となる長さの問題にもつながる基準量を意識する声が生まれてきた。そこで，黒板に基準量となる「1まい」の言葉を赤で明示した。長さへの布石とするためでもある。

　次の問題は，「水$\frac{4}{5}$L」である。この場面でも全員が正しいカードを選択できた。基準量を意識した「もとは1L」の声も生まれてきた。基準量の「1L」を赤で板書に明示した。この場面でも，基準量を意識化した見方・考え方を価値づけた。

　3問目の「テープ$\frac{3}{5}$m」の問題でも，全員が正しいカードを選択することができた。基準量の「1m」の意識化は，この場面でもできていた。

(2) 教師の想定を超える子どものこだわり

　次が，本時の山場となる課題である。
「テープ$\frac{1}{4}$mを表した正しいカードはどれかな」
　右の4枚のカードを提示した。子どもからは，「答

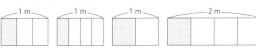

「ここまでの○○さんの考えは分かるかな」　**73**

えが2枚ある」という声が聞こえてきた。一方,「1枚だけ」という声も聞こえてきた。

「2枚ある」と声をあげた子どもは,右(上下)の2枚が正しいカードだと考えた。一方,「1枚だけ」と声をあげた子どもは,右上のカードだけが正しいカードだと考えた。子どもたちの考えにズレが生まれたのは,右下のカードである。実は,このズレは想定していた範囲である。1〜3問目の布石問題や,その後の展開の中で,これらのズレを乗り越えることができるとこの段階では考えていた。

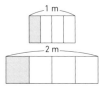

　子どもたちの意見が一致したのは,右上のカードである。そこで,このカードを「$\frac{1}{4}$m」と判断した理由を子どもたちに尋ねた。
「1mを4つに分けた1つ分だから$\frac{1}{4}$mだよ」
　この場面でも,基準量が1mであることを意識した説明が生まれてきた。1mの基準量への意識化で,子どもたちが2mのテープ図について見直すのではないかと考えた。しかし,この場面では期待した姿は生まれなかった。
　そこで,2mのテープ図だけを限定して取り上げた。
「この(2m)図も$\frac{1}{4}$mと言っていいのかな」
　多くの子どもたちは,次のように考えた。
「どちらも$\frac{1}{4}$mのカードだからいいんだよ」
「4つに分かれた内の1つ分だから合っているよ」
　これは,分割分数の視点からの説明である。3問目までは量分数の視点で正しいカードを判断していたにもかかわらず,この問題では分割分数の視点で判断している。そこで,「$\frac{1}{4}$mのカードは2枚あるんだね」と子どもたちに揺さぶりをかけた。「1枚だけ」と考える子どもたちが説明する。
「だって2mのカードはもとが2でしょ。1mのカードはもとが1でしょ。だから,もとの数字が違うから正しいのは1枚だけだよ」
「1mの青色の場所は25cmでしょ。2mの青色の場所は50cmでしょ。だか

ら，2mの方は違うよ」(S子)

　S子はテープ図を指さしながら，色が塗られた長さをmからcmに置き換えることで，同じ分数で表記できないことを説明した。50cmと25cmでは明らかに長さが異なる。長さが異なる大きさを

同じ量分数で表記する矛盾を指摘した。このS子の説明で，全員が2mのカードが正しくないことを理解できると考えた。ところが，子どもから聞こえてきた声は，「でも，(2mのカードも)$\frac{1}{4}$mだ」「4つに分けた1つでしょ」であった。mをcmに置き換えることが，この場面を乗り越える切り札だと考えていた。ところが，この場面では子どもたち全員の判断を覆すことはできなかった。

　この後も，2mのカードが$\frac{1}{4}$mではないことを説明する声は次々とあがってきた。しかし，2mのカードを$\frac{1}{4}$mと捉える子ども全員の考えを覆すことはできなかった。この場面は，教師が強引に展開していく方法もあるが，それでは量分数と分割分数の違いを子どもが真に理解することにはつながらない。そこで，次の時間を使ってじっくりと取り組むことに方針転換を行った。

(3) キーとなる考え方を分割して提示する

　翌日の学習場面である。「正しい$\frac{1}{4}$mのカードはどれかな」と再度尋ねた。子どもたちが，説明する。
「1mのカードはもとが1mだから正しい。でも，2mのカードはもとが2mになっている。もとが1mと2mだから違う」
「2mのカードは，2m全体の$\frac{1}{4}$の図でしょ。でも，今の問題は$\frac{1}{4}$mだから1mを4つに分けた1つ分じゃなければだめなんだよ」(R男)

　R男の説明で，それまで2mが正しいと考えていた子どもから「あー，そういうことか」と納得の声があがった。しかし，まだR男の説明の意味が理解できず，首を捻っている子どもの姿も多く見られた。

> R男の説明は論理的である。しかし、それを一度聞いただけでその意味を理解することは、多くの子どもには難しい。子どもの理解には思いのほかゆっくりとした時間が必要なのである。

そこで、R男の説明を分割しながら再提示し、全員で共有することにした。先ずはR男の前半の発言の意味を確認する。
「R男君は『2mのカードは、2m全体の$\frac{1}{4}$の図』と言ってたけど、ここまでは分かるかな」
この投げかけで、子どもたちが一気に動き出した。

「それって、前のリンゴの勉強と同じだよ。『リンゴ1個の$\frac{1}{4}$』の問題では、1個のリンゴを4つに分けた1つ分だけ色を塗りました。でも、リンゴの絵が8個あって『$\frac{1}{2}$のリンゴ』と聞かれたときは、リンゴ8個全体の$\frac{1}{2}$の4個を選んだね。それと同じだよ」
「『リンゴ1個の$\frac{1}{4}$』はもとが1個だった。今の問題は『テープ$\frac{1}{4}$m』だから、もとは1mじゃなければだめなんだよ」（K男）
「$\frac{1}{4}$mと聞かれているのに、2mがもとになったらおかしいよ」

子どもたちは、既習の分離量の場面を例示してきた。R男の説明の意味を分割して子どもに尋ねたことで、既習学習が想起され量分数と分割分数の違いが明確になってきた。この手立てで、ほとんどの子どもたちが、2mのテープ図が正しくないことを納得できた。

しかし、まだ首を捻っているM子の姿が見えた。そこで、今度はK男の説明の意味を分割して尋ねることにした。
「K男君は、『リンゴ1個の$\frac{1}{4}$はもとが1個だった』と言ってたね。これってどういうことか分かるかな」
この投げかけをきっかけに、既習の別の分離量の話題が生まれてきた。

「『バナナ1本の$\frac{1}{2}$』の問題をやったでしょ。その時,バナナ2本の絵があったけど,バナナ1本だけを2つに分けた1つ分だったね」
「右側のバナナは無視して,左のバナナ1本だけをもとにして考えたのと同じだよ」

「だからテープの問題では,右半分の1mを無視して左半分だけで考えればいいんだよ」(Y男)
　バナナとテープの問題場面をつなげるY男の説明で,最後まで首を捻っていたM子の表情が一気に明るくなり「そういうことだったのね」と呟いた。$\frac{1}{2}$mの正しい見方が理解された瞬間である。

教師自身の言語活動の振り返り

　いかに論理的な友だちの説明であっても,それを一度聞いただけで理解できる子どもは多くはない。友だちの説明をクラス全員が理解するために必要なことは,その説明全体を一気に取り上げるのではなく,分割してクラス全体に再提示することである。「ここまでの○○さんの考えは分かるかな」と,その論理の背景を探る時間をじっくりと確保する。本実践では,論理の一部を順次取り出し,その背景を探り共有化することで,その後の子どもたちの追究や理解は一気に進んでいった。

　問題解決に直結するキーとなる説明が生まれると,教師がすぐに補足説明・解説を行い授業のゴールへと展開を進めてしまうことがある。しかし,子どもの理解には教師の想定以上にゆっくりとした時間が必要である。本実践のように,子どもの論理を分割して提示し共有化していくことが,ゆっくりとした授業展開を生み,クラス全員の理解へとつながっていく。

5年 小数のわり算 　　　　　　　　　　　　　　　　　　　　　　（永田美奈子）

つまずきを解決するために
「どこを直したらいいかな」

問題とねらい

問 題

　3.2 m の線を引くのに，5.76 dL のペンキを使いました。1 m あたり何 dL のペンキを使いますか。

　教科書では，「3.2 ㎡のかべをぬるのに〜」という問題になっているが，あえて 3.2 m と単位を変えて提示した。3.2 m の方がわり算のイメージがつきやすいことと，単位換算が簡単にでき，いろいろな方法で考えることができると考えたからである。

教師の言語活動のポイント

　子どもたちは，今まで学習したわり算を使ったり，dL を mL にしたり，m を cm にしたり，様々な方法で問題を解くだろうと想定していた。

　想定していた通り，子ども達は，いろいろな方法で考えていた。

　だが，思っていた以上に誤答が出てしまった。どうしてそのような誤答が出てしまったのだろう。子どもたちと確認していくと，それらの誤答は，わり算のきまりがよく理解されていないことが原因だった。

　この授業のポイントは，誤答をそのままで終わらせるのではなく，どこを直したらいいか考えさせていくことにある。そして，それらを解決していきながら，わり算のきまりを再確認し，それぞれの考え方を，式と言葉とで結び付けていった。

78　5年　小数のわり算

教師の言語活動

　問題を提示したあと，子どもたちにどのような方法で解けそうか，言葉で答えさせた。そのようにすると，周りの子どもたちもそれをヒントに，さらに考えることができる。

> 「自分の考え方を言葉で言うと，どうなるかな？」

　子どもたちが考えた方法は次の通り。

　　① 32 m 分で考える　　　　　② 16 m 分で考える

　　③ 5.76 dL を mL にする　　④ 3.2 m を cm にする

　　⑤ 576 dL で考える　　　　　⑥ 整数÷整数にする

　　⑦ 小数÷整数にする　　　　⑧ 整数÷小数にする

　　⑨ 0.2 m 分で考える　　　　⑩ 6 dL 分で考える

　　⑪ 3.2 m に余ったのをたす　⑫ 分けて考える

　⑨～⑫は，かけ算の方法の名残りだろう。心の中で，「難しくなりそうだな」と思ったが，「子どもが出した考えだから，黒板に書こう」と他の考えと同じように書く。そして，答えがいくつになったか聞いてみた。すると，次のように，思いのほかたくさんの誤答が出てしまった。

1.8，0.018，18，0.18

　「困ったな。こんなに誤答が出てしまった。でも，これらの誤答をしっかりと確認していかないと，子ども達の本当の理解にはつながらない」と思った。

　正直，この誤答の多さには驚いたが，それぞれどこにつまずいて誤答となったのか，子ども達とともに考えていくことにした。式を言ってもらう。

| A：$5.76 \times 100 = 576$
$576 \div 3.2 = 0.18$
$0.18 \times 10 = 1.8$ | B：$5.76 \times 100 = 576$
$3.2 \times 10 = 32$
$576 \div 32 = 18$
$18 + 1000 = 0.018$ | C：$5.76 \times 100 = 576$
$3.2 \times 10 = 32$
$576 \div 32 = 18$ | D：$3.2 \text{ m} = 32 \text{ cm}$
$5.76 \div 32 = 0.18$ |

> 「この式は違うのじゃないかなと思うものはある？」

「どこを直したらいいかな」　**79**

すると，すぐに「Dは違う」と言い出した。すかさず次のように言う。

> 「じゃあ，どこを直したらいいの？」

「3.2 m は，320 cm だよ。だから，5.76÷320＝0.018」
次のように言い切る。

> 「じゃあ答えは，0.018 dL だね」

すると，「でも……」と続く。
「0.018 は 1 cm あたりのペンキの量だから 1 m あたりにしないといけない」
「0.018×100＝1.8 になるよ」
ここで言葉とも結びつけた。

> 「Dの考えは，どの方法？」

「④の 3.2 m を cm にする方法」「⑦の小数÷整数の方法でもある」
続けて B を確認する。
「これも 0.018 になっているけど，どこか違うところがあるの？」
「Bは，かけ算のきまりになっているよ」
ここで，子どもたちに聞き返す。

> 「どういうこと？」

「100 倍して，10 倍して，1000 でわるのは，かけ算のきまり」
「そうか。かけ算のきまりを使っていたんだね」
「Cも違うんじゃないかな」
「わり算の時は，わられる数とわる数を同じ数だけ倍にしてわらないと……」
整数÷小数の学習の際に確認したわり算のきまりを使って，説明をし出した子どもがいた。そこで，そのわり算のきまりをもう一度確認する。
「だから，3.2×100＝32，576÷32＝1.8 だね」
「これは，どの方法だろう」「⑥の整数÷整数だね」

「じゃあ，Aはよさそうだね」と言うと，「うん」とうなずく子どもと，「ううん」と首を横にふる子どもがいた。私は，「あれ？」と思った。「答えが合っているのにおかしいな」と思っていると，首を横にふった子どもが手を挙げた。

「だって，576÷3.2＝0.18じゃないよ」

「本当だ！　よく見ているな」あやうく私も間違えるところだった。私は，式をよく見ていた子どもに感心した。筆算で確認してみる。「本当だ。576÷3.2＝180だ」他の子どもも動き出す。

「そのあとはどうするの？」

「それもわり算のきまりだよ。わり算は，わられる数を倍にしたらその数だけ商をわる」

ここで，もう一つのわり算のきまりを確認した。

「180÷100＝1.8」

「これは，どの方法だろう」

「⑧の整数÷小数の方法だね」「5.76 dLをmLにする方法でもあるよ」

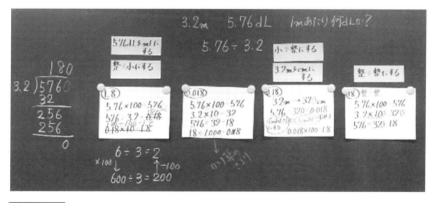

わり算のきまりを想起させながら，言葉とも結びつけて，少しずつ解決することができた。

次の時間は，実際に解けて，前時に出なかった方法を考えていった。まずは，残った方法の中で，自分が考えられそうなものを考えさせる。前時に，わり算のきまりも想起しながら考えて

「どこを直したらいいかな」

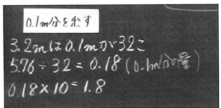
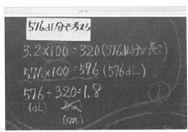
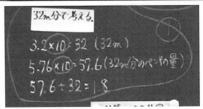
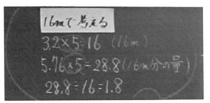

いろいろな考えを出していくうちに，子ども達は，さらに他の考えを出していった。そして，0.2 m 分については，次のように考えていた。

3.2 ÷ 0.2 = 16 （3.2 m は 0.2 m が 16 こ）
5.76 ÷ 16 = 0.36 （0.2 m 分のペンキの量）
1 ÷ 0.2 = 5 （1 m の中に 0.2 m が 5 こ）
0.36 × 5 = 1.8

次の時間，全ての考え方を「小数÷整数，整数÷整数，整数÷小数」と「わり算のきまり①～③」に分類した。

そして，どの考え方で筆算をするとよいか考えさせた。

教師自身の言語活動の振り返り

　誤答がたくさん出たことで，初めは戸惑ったが，それらの誤答を解決していくことによって，子ども達が何につまずいているのかが明確になった。誤答を間違いで終わらせるのではなく，どうしたらよいか考えさせていくことによって，間違えてしまった子どもの理解もより深まる。そして，全ての誤答に付き合った結果，3通りのわり算のきまりを確認することができた。

　また，「どこを直したらいいの？」と教師から言ったが，このような授業をしていると，子ども達の方から，「少しだけ直せばいいよ」と自然と声が上がるようになる。

　さらに，今回は，子ども達の様々な考え方が，どの方法なのか言葉と結び付けたり，どのわり算のきまりを使っているのか，また既習のわり算の形で言うとどの形になるのか，整理したり，振り返ったりすることによって，今まで関係がないと思われていた考え方に，実は，似ているところがあることに気づくことができた。

　だが，反省もある。今回は，誤答が多かったので，「この式は違うのじゃないかなと思うものはある？」と聞いたが，この言葉が果たしてよかったのか今でも疑問に思っている。子ども達の意欲が減退しないような教師の言葉がけを今後も考えていかなくてはならないと思っている。

「どこを直したらいいかな」　**83**

6年　分数×整数

（加固希支男）

いつでも使える方法に気付くために
「もし○○なら，どちらの考え方を使いますか？」

問題とねらい

> **問　題**
>
> 　1mで$\frac{3}{7}$kg の棒があります。さて，この棒2mの重さは何 kg でしょうか？

　本時は，分数×整数の計算の仕方を考え，$\frac{\bigcirc}{\triangle} \times \square = \frac{\bigcirc \times \square}{\triangle}$という，いつでも使える方法に一般化するところまでをねらっている。

　本時で扱う計算は$\frac{3}{7} \times 2$であるが，答えを出すことを終わりとせず，「いつでも使える方法」を考えることをねらいとする。そのために，教師の言語活動が必要となる。

教師の言語活動のポイント

　教師の言語活動は何のためにあるのだろうか？　その一つに「子どもだけでは気付けないことに気付かせるきっかけをつくる」というものがあると考えている。例えば，「いつでも使える」という一般化するという視点である。

　本時では，$\frac{3}{7} \times 2$という計算の仕方を考えるが，主に「$\frac{3}{7} + \frac{3}{7}$」と「$\frac{1}{7}$を単位にして，$\frac{1}{7}$が3×2個ある」と考える2つの方法が出されると予想できる。どちらの計算の仕方も，子どもは有効だと考えるだろう。しかし，「かける数が 600 のように大きな数ならどうする？」と教師が問いかければ，どうだろうか？

　算数の学習というのは，目の前の問題を一つの例として扱い，いつでも使える方法を考えることを目指している。

84　　6年　分数×整数

教師の言語活動

(1) 本時の課題を共有する

　数直線等を使って，$\frac{3}{7} \times 2$ という式になることを確認した。ここで大切なことは，「この問題を通して，何を考えるのか」という課題を全員で共有することである。

「今までのかけ算では，何×何の学習をしてきたかな？」
「整数×整数」
「小数×整数」
「小数×小数」

　上記のような問いかけをして，今まで学習してきたかけ算について振り返り，整数×整数，小数×整数，整数×小数，小数×小数を学習してきたことを確認した。そして，$\frac{3}{7} \times 2$ が何の計算の代表値を表しているのかを確認し，目の前の計算の答えを出すことが課題ではなく，分数×整数の計算の仕方を考えることが課題であることを共有したのである。

(2) 子どもの考え方を聞き，共通点と相違点を明らかにする。

・分数＋分数を使って考える
　自力解決後に最初に出された考え方は，分数＋分数を使った考え方であった。$\frac{3}{7} \times 2$ を $\frac{3}{7}$ が2つと考え，$\frac{3}{7} + \frac{3}{7}$ と考えて計算したのである。

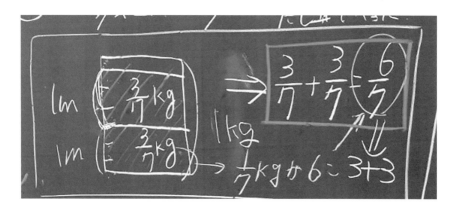

・整数×整数を使って考える

　次に出された考え方は，単位分数を使って，整数×整数を使った考え方であった。$\frac{3}{7}$ は $\frac{1}{7}$ が3つという意味から，$\frac{3}{7} \times 2$ は $\frac{1}{7}$ が $3 \times 2 = 6$ 個と考えて計算したのである。

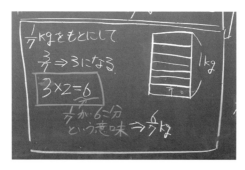

「二つの考え方で同じところと違うところはどこかな？」

と問い，考え方の共通点と相違点を明らかにしていった。そして，二つの考え方とも単位分数を使っていることは共通しているが，答えの出し方がたし算とかけ算で違いがあることを共有した。

　相違点は見つかりやすかったが，共通点はなかなか考えることができなかったため，教師から「$\frac{1}{7}$ がいくつと考えているところは同じかな？」と示した。

(3) 子どもに考える視点を与える

> 「では，どちらの方法がいつでも使える方法として良いかな？」

と問いかけたが，子どもは二つの考え方に優劣を付けることができないでいた。なぜなら，どちらの考え方を使ったとしても，$\frac{3}{7}×2$ の計算を解決することができたからである。

授業の最初に，本時の課題は分数×整数の計算の仕方を考えることであることを共有している。しかし，子どもにとっては，目の前の $\frac{3}{7}×2$ の計算の答えを導き出すことが優先になっているのである。よって，正答が導き出せた二つの考え方に優劣を付けることは難しかった。

子どもにとって，$\frac{3}{7}×2$ という計算が分数×整数の代表値として見直すという視点をもつことは難しいと感じた瞬間であった。

ここが授業の核心に迫るために必要不可欠な場面であるため，教師が動き，教師の言語活動を行う場面だと判断した。

(4)「いつでも使える方法」を考える

かける数を600という極端に大きな数にして，二つの考え方について比べた。

> 「では，かける数が **600** になったら，どちらの考え方を使いますか？」

「600回もたし算をするのは大変だ！」
「かける数が大きくなってもかけ算でやれば簡単にできるね」

かける数を600という極端に大きな数にすると，たし算で計算する考え方では手間がかかってしまう。かけ算で計算する考え方であれば，すぐに答えを求めることができる。

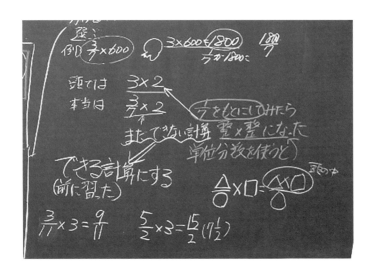

(5) 子どもに自分の解法の根幹を振り返らせる

　もう一つ，教師が言語活動を行う場面があった。それは，

> 「どうして$\frac{1}{7}$をもとにして計算しようと思ったのか？」

という発問をした場面である。

　子どもは，なかなか自分の解法について振り返ることは難しい。そこで，教師から問いかけたのである。

　子どもは自分の解法が，どの様な発想から導き出されているのか，あまり意識していない。よって，この発問をしても，すぐに考えることはできないが，解法の根幹となる考え方について考えることを繰り返していくと，「こういった考え方や見方をすれば，自分で解き方を考えることができる」という着眼点を養っていくことができる。

　本時では，「$\frac{3}{7}×2$はまだできない計算だから，計算ができる整数×整数にするため」ということが，考え方の根幹となっていることが確認された。

88　6年　分数×整数

教師自身の言語活動の振り返り ・・・・・・・・・・・・・・・・・・・・・・・・・・・・・・・・・・

　先述したように，算数の学習というのは目の前の問題を一つの例として扱い，いつでも使える方法を考えることを目指す。本時の問題であれば，$\frac{3}{7} \times 2$ という計算を通して，いつでも使える分数×整数の計算の仕方を考えているのである。

　しかし，子どもは目の前の問題を解決することに意識が向いてしまう。だからこそ，教師の言語活動が必要なのである。「いつでも使える」という視点の必要性を子どもに気付かせるためには，教師が動く必要がある。

　「いつでも使える」という視点に限らず，いつまでも教師が問いかける授業は理想的ではない。

　本時の学習であれば，子どもから「もし，かける数が 600 のように大きくなったら，たし算で求めるのは大変だから」という意見が出されることを期待したい。

　しかし，教師の期待通りに動かない場合もある。もちろん，期待通りに動かないことに問題はないが，授業のねらいに迫るための核心に迫ることが，子どもだけでは気付けないのであれば，教師が子どもに問いかける必要はある。そして，そのタイミングを間違えないことである。

　教師が考え方の見本を見せていき，それを積み重ねていくことで，少しずつ「こうやって考えていくといいんだ」ということを子どもに気付かせ，いつか子ども自身で考えられるようにしていくようにしていきたい。

　　　　　　　　　　　　　　　「もし○○なら，どちらの考え方を使いますか？」　**89**

3年 三角形 (平川賢)

子どもの「なぜなら…」を引き出すために

「(子どもの考えに対峙する) もっとあるよね」

問題とねらい

> **問　題**
>
> 　赤・青・黄の3種類の長さの棒を自由に使ってできる三角形は，何種類あるでしょう。

　本単元の導入でよく扱われる三角形の「仲間分け」。この問題点は，仲間分けをする必然性は子どもにないし，したとしても必ずしもその視点が"長さ"とはならないということである。また，はじめから視点がばらけないように教師の側から「長さに目をつけて仲間分けしよう」と指示してしまうことすらあるのである。ここで取り上げたい事例は，そういった問題点が解消できないか，を考えて行ってみた実践である。

教師の言語活動のポイント

- ・さか上がりの苦手な子に，やりなさいと言ってもできない。
- ・さか上がりのできる子に，やりなさいと言えば，とりあえずやる。
- ・さか上がりのできる子に，「どうせできないでしょ？」と言えば，むきになってやるだろう。

　「さか上がり」を「授業における発言」としてみる。「むきになる」が言語活動を活性化させる起爆剤となる。そのために，

①棒をつないで三角形をたくさん作るという，だれにでも学習のステージに乗ることのできる活動にする。

②子どものでき具合や思いに対峙する投げかけをする。

90　3年　三角形

という手だてをとることにする。

教師の言語活動

　棒で自由に三角形をつくる際に，次のように投げかけてみる。"すべての種類の三角形をつくりましょう，さて何種類できるかな"。

　赤・青・黄の3種類の長さの棒を自由に使ってできる三角形は，全部で10種類ある。子どもたちは10種類，またはそれに近い数の三角形を作ることができるだろう。これらを発表させていき"本当にこれで全てか"を問うのである。子どもたちは，漏れ落ちなく三角形をつくることができたのかを確認するために，辺の色（長さ）に着目するだろう。右に列挙したように3種の棒であれば，すべて同じ色（長さ）のものは3種類できる。3種のうち2種が同じ色（長さ）を選べば6種類，そしてすべて異なる色（長さ）が1種類である。

```
正三角形
・赤赤赤
・青青青
・黄黄黄
二等辺三角形
・赤赤青
・青青赤
・赤赤黄
・黄黄赤
・青青黄
・黄黄青
その他
・赤青黄
```

　辺に着目すれば，すべての三角形をうまく作っていくことができることをおさえ，それぞれの三角形に正三角形などの名前があることを知らせていく。

　この一連の活動のなかで，子どもたちは辺の長さに着目しながら，できる三角形について語り始めることだろう。そして子どもが説明をしたくなる（説明せざるを得なくなる）状況をつくること，これが教師の側の言語活動となる。それがタイトルにも示した「もっとあるよね」である。「もっとあるよね」に対して，「これ以上できないよ，だってね……」という子どもの説明活動を発動させていく。

(1) 少ない場合で説明の方法をつかませる

　「ぼうをつないで三角形を作ろう」と板書して授業をスタートした。棒は6種類の長さのものが複数あり，長さによって色分けされている。まずは，「オレンジだけで」と限定し，三角形を作らせた。棒は1種類なので，できるものは

「（子どもの考えに対峙する）もっとあるよね」　**91**

当然正三角形のみとなる。子ども達の「部品を増やしたい」という言葉が聞こえてきたので，では「紫と緑の2色だったら？」と辺を2種類まで使える設定に変更した。2色では正三角形が2種と，二等辺三角形が2種，合計で4種類の三角形ができる。ここで，1度目の「もっとあるよね」を発動した。

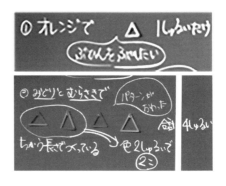

T:「4種類だけ？　もっとあるんじゃないかな」
C:「全部同じ色の三角形は"全部緑"と"全部紫"で，他の色はないから2こになります」
C:「2種類の色でつくる三角形は"緑緑紫"と"紫紫緑"しかないよ。だから2こ。合わせて4こです」
C:「これで組み合わせのパターンは終わりです」
T:「色別に説明したから，これで全部だとわかりましたね」

(2)"予想"が活動の原動力となる

　この後，当然であろうが，子ども達は棒の色が3種類だったらという活動に向かおうとした。そこで「もしも3種類の色なら，何個の三角形ができそう？」と予想を立てさせてみた。7つと予想を立てる子どもが多かったが，「7こという人達の気持ちがわかるかな」と問い返してみた。「さっき1こから4こに3増えたから，次は7こだと思う」，こんな言葉が聞こえてきた。子ども達の考えの根拠にあたる部分を「気持ちがわかるか」と問うことで引き出しやすくなる。このやりとりも，教師の言語活動の工夫から生まれる，子ども達の言語活動と言えるだろう。

　赤・青・黄の3種の棒で三角形を実際につくる活動に入った。子ども達は7こできるのでは，と予想しているので，とりあえず7つ作ろうと意欲的になる。

そしてある程度時間をおいたところで，「あれ8こ目ができた」「もっとできるよ」「10こできた」と次々と声が上がり始めた。予想を立てたり，見通しを持たせることの重要性はこれまでも言われてきていることだが，予想を立てることで，子ども達が解決に向かう意欲を高めたり，思考を深めたり，予想を裏切られたときに，さらに関心を高めたりと，学習効果は高まるのである。学習効果が高まることは，当然それが言語等の表現に表れることにつながっていく。

(3)「もっとあるよね」が子どもを揺さぶる

　10種類までできた子どもが増えてきたところで，もう一度「もっとあるよね」を発動させた。

T：「7つという予想だったけど，10こも見つかった人もいるね。<u>もしかしたらもっとあるかもしれないね</u>。11こ目が見つかるかな」
C：「10こしかないよ，絶対」
T：「探してみないとわからないよ？」
C：「いや，わかる。だってね，2種類の色のときみたく整理していくとね…」
T：「さっきの説明の仕方を使おうとしているね。みんなもどう説明しようとしているかわかるかな」
C：「全部違う色と，2こ同じ色と，全部同じ色に分けて調べる！」

　子どもたちは棒の色（長さ）に着目し，分類して整理しようとなった。つまりは，仲間わけの指示なしに動き出すことができたわけである。

(4) 授業内でのとっさの判断も言語活動の工夫となる

　子ども達はまず，すべての辺の長さが違う三角形を提示した。「違う色を1本ずつ使っているから」とこれは1種類しかないことを理解した。
　次に2つの辺の色が同じ（二等辺三角形）場合を調べていく。6種類あるわけだが，様々な組み合わせがあり，6種類であることを説明するのにハードル

「（子どもの考えに対峙する）もっとあるよね」　**93**

が高い。まず，1人目の子どもが「赤赤黄」を
発表した。実際に作ったものを黒板上に貼る。
このときに図の左のように敢えて貼ることで，

子ども達からの「貼りなおしたい」「こう貼ったほうがバランスがいい」を引
き出した。"バランスがいい"，これは二等辺三角形を定義することへの繋が
りにもなる。敢えて一般とは違う貼り方を教師がすることで，子ども達の言葉
を引き出す，教師はここで一言も喋ってはいないが，これも子どもの思いを引
き出すための教師の言語活動と言えるのではないだろうか。つまり，言語と
言っても，あえて声にしないという行動も含んでいるととらえてよい。

　二等辺三角形の2つめを発表させた。指名した子どもが持ってきた三角形は
「黄黄赤」であった。とっさに私は，子ども達に投げかけることにした。

T:「待って，Aさん。『黄黄赤』を持ってきたのにわけがあるの？」
A:「ある」
T:「Aさんは，ほかにもあるけど次は『黄黄赤』を発表した
　いと思ったんだって。なんでかわかるかな」
C:「わかるよ。1こ目が『赤赤黄』だから」
C:「同じ赤と黄で作ったやつにしたんだと思うよ」

　このやりとりができた結果，「赤黄」
「黄青」「青赤」の3種の組み合わせで，
それぞれ2種類ずつの三角形が作れるか
ら全部で6個になることを説明すること
ができた。

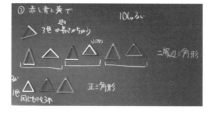

　すべて同じ色の三角形は，赤青黄それぞれ1個のため3種類。これで合計
10種の三角形を作ることができると説明できた。授業の終末には，2辺が同
じ色の三角形が二等辺三角形であり，3辺が同じ色の場合は正三角形という名
がついていることを知らせた。

教師自身の言語活動の振り返り

　子どもには，積極的に話をさせたいし，話を聞きたいという気持ちをもたせたいものである。しかもそこで話し合われる内容はより数学的でありたい。「仲間分けをしましょう」では，それが実現しづらいと考えて本時のような授業を展開した。子どもに言語活動を行わせるためには，教師の側がしかけを仕組まなければいけないのである。本稿ではわたしは，この「しかけ」こそが「教師の言語活動」に相当すると考えた。

　子どもが，もうこれ以上三角形が作れないと感じ始めるタイミングで「もっとあるよね」と子どもの思いと反することを伝えることで，逆にこれ以上作れない根拠について考え始めたのである。要は，子どもの気持ちを揺さぶる言葉が教師には必要なのである。「やりましょう」「解きましょう」といった指示だけでは，子どもの活動は充実しないのである。

　よく「指導書どおりに授業をしているのに，いまいち授業が盛り上がりません」という相談を受ける。これは，上記のような"揺さぶる"言葉もないまま，指導書に載っている指示をそのまま行っているためではないだろうか。言語活動を充実させるためには，教師のしかけが重要になってくるのである。

　本稿では「もっとあるよね」だけでない，教師の仕掛けとなる場面がほかにもいくつかあった。三角形がいくつできるか事前に予想をさせ，その予想の根拠を語らせておくことや，「黄黄赤」を発表しようとした子どもの真意を問うたことなどがそれである。教師のしかけは準備をしておいたものだけでなく，授業内のとっさの判断で行うものもあるのだ。とっさの判断は難しいと感じる先生は多くいるだろう。だが，子どもにこんな話をさせたい，こんな活動をさせたい，ということを心に強く意識しておくことで，こういったとっさの判断も行えるようになることも付け加えておきたい。

[参考文献]

山本良和（2004）．算数授業研究 Vol.97，筑波大学附属小学校算数研究部，東洋館出版社．

| 5年 | 平均の学習末 | （小松信哉） |

子どもが統合的・発展的に考えるために

「○○さんのよいところはどこでしょうか?」

問題とねらい

問 題 1

　ふくろの中には，どのような式が入っているでしょうか?

　$2+4+6$, $2+3+4$, $3+6+8$, $4+7+8$ など，等差数列の和を求めている式と，そうではない式を提示する。子どもたちが式を分類するとき「なぜそのように分けたのかな?」と問い返せば，式の特徴を捉えた発言が引き出せる。等差数列の和を求めている式を一つの仲間と捉えれば，ふくろの中には，2種類の式が混在していたことがわかる。また，式の特徴に着目し，「真ん中の数×3＝答え（和)」などの発見をすることも期待できる。そして，子どもたちから「だったら4つや5つの場合は?」といった問いを引き出すこともできる。

　さらに，次のような問題を子ども自らが設定することも期待できる。

問 題 2

　なぜ，真ん中の数にたした数の個数をかけると和になるのだろうか?

　新たに設定した問題に対して，平均の考えを活用し，その理由を筋道を立てて説明する子どもの姿が期待できる。そして実は，学びを振り返ると，九九の表をあらためて見直していたことにも気付かせることができる。

教師の言語活動のポイント

　教師にとって大切な言語活動は「子どもから言葉や仕草を引き出し，価値付け，共有させるための言語活動」であると考える。本時では，①式の特徴を捉えて分類する。②「真ん中の数×3＝答え（和)」を発見する。③個数を変えて考察する。④なぜ? という疑問をもち解決をする。⑤九九の表に関係していることに気付く。などの局面で，教師は子どもたちにどのような言葉を発するのかを考えていきたい。

教師の言語活動

（1）式の特徴を捉え分類する

　"ふくろの中にはどのような式が入っているでしょうか？"と板書する。

　袋の中から，$4+6+8$ の式を取り出す。「18です」と子どもたち。次に，$2+3+4$ の式を取り出す。「簡単。9です」さらに，$3+6+8$ の式を取り出す。「簡単。17です」と声をそろえる。教師はここで，子どもたちの様子をゆっくりと見回す。何か言いたそうな子どもはいないようなので，次に進むことにする。

　$5+10+15$ の式を取り出す。すると，「1つだけ変な式がある」というつぶやきが聞こえてきた。「○○さん，変な式はどれ？　先生にだけそっと教えて」○○さんが変だと思っている式を確認する。その式が教師が意図していた式であったため，「今，○○さんが，1つだけ変な式があると言いました」

> 「○○さんは，どの式を変だと感じているのでしょうか？」
>
> （発問の意図）式の特徴を捉え，分類する活動へとつなげることができると判断したため，全体に問いかけた。

　手を挙げている子どもにヒントを出してもらう。「バラバラ」というヒントが発表される。"変な式"が見えた子どもたちが8割を超えたところで，隣同士でその式を確認させる。そして，なぜその式だけが変なのかを説明してもらう。「他の式は，同じ数ずつ増えているのに，この式だけはバラバラに増えています」と $3+6+8$ の式を示しながら説明する。子どもたちの様子を見回しても，納得の表情である。「では，次の式はどうかな？」と言いながら，$4+7+8$ の式を取り出す。「バラバラです」と素早く反応する。教師は，最後の一枚 $2+4+5$ の式を取り出す。「11で，バラバラです」と子どもたち。黒板に「増える数が一緒チーム」（$2+3+4$，$4+6+8$，$5+10+15$）と「増える数がバラバラチーム」（2+4+5，3+6+8，4+7+8）が整理された（チーム名は子どもたちが考えた）。

「○○さんのよいところはどこでしょうか？」　**97**

(2)「真ん中の数×3＝答え（和）」を発見する

　「増える数が一緒チーム」の式を各自に1つ作らせ，データを増やすとともに，ここまでの話題に全員がついてきているかを見取る。

増える数が一緒チーム

$2 + 3 + 4 = 9$
$4 + 6 + 8 = 18$
$3 + 6 + 9 = 18$
$10 + 20 + 30 = 60$
$9 + 10 + 11 = 30$

　そして，次のように問いかけた。

> **「増える数が一緒チームを見て，何か言いたいことがある人はいますか？」**
>
> （発問の意図）オープンな問いかけで，次のような発言を引き出そうと考えた。
> ・真ん中の数と答えの関係に関する発言。
> ・式同士の関係に関する発言。

　すると，次のような発言が返ってきた。「かけ算があります」「えっ？」と周りの子どもたちが反応する。教師も「○○さんには，かけ算が見えるの？」と問い返す。そして，"かけ算が見える"と板書する。かけ算が見えない友達のためにヒントを出すように指示をする。すると，次のように，式が書かれたカードを並べ替えた。

$2 + 3 + 4 = 9$， $5 + 10 + 15 = 30$， $3 + 6 + 9 = 18$， $9 + 10 + 11 = 30$，
$4 + 6 + 8 = 18$， $10 + 20 + 30 = 60$

　「2倍や5倍が見える」と子どもたち。「今見えたことを使うと，$3 + 6 + 9 = 18$に3をかけると，どんな式ができますか？」と問いかけノートに書かせた。全員が$9 + 18 + 27 = 54$の式がかけている。「増える数が一緒チームは，1つ式を決めて何倍かすると，その何倍かした式も必ず一緒チームになるのですね？」と問いかけると，「間違いなく，そうです」と自信満々の発言があがる。「ぼくは，別のかけ算が見えています」発言がつながる。「どのようなかけ算かな？」と問い返すと，「真ん中の数の3倍が答えになっています」とはっきりと答えた。「あ～本当だ」「頭いいな」周りの友達からも称賛される。

　答えを「和」と言い換え，右の事柄を確認した後，「3はどこにもないけれ

98　　5年　　平均の学習末

ど，この3は何を表しているの？」と問うた。

「個数」という言葉が聞こえてきたので，「今，個数という言葉が聞こえてきました」と全体に広げると，「どの式も3つの数を足していて，たしている数の個数が3ということか」と納得の表情。この言葉を用いて，次のように板書する。

$2 + ③ + 4 = ⑨$　$3 × \underline{3} = 9$
$4 + ⑥ + 8 = ⑱$　$6 × \underline{3} = 18$
$5 + ⑩ + 15 = ㉚$　$10 × \underline{3} = 30$
$3 + ⑥ + 9 = ⑱$　$6 × \underline{3} = 18$
$10 + ⑳ + 30 = ㉨$　$20 × \underline{3} = 60$
$9 + ⑩ + 11 = ㉚$　$10 × \underline{3} = 30$

"真ん中の数×③＝和"　たした数の個数

（3）個数を変えて考察する

真ん中の数×3＝和（3はたした数の個数）の式を板書すると，「じゃあ，4つの場合はかける4かな？」というつぶやきが聞こえてきた。

> 「今，○○さんが，『じゃあ，4つの場合はかける4かな』と言いました。○○さんのよいところはどこでしょうか？」
>
> （発問の意図）条件を変えて考えようとするその価値を，周りの子どもたちにも伝えるとともに，学級の友達同士で互いのよさを認め合いながら算数を学んでいくという，やさしさに包まれた算数の授業を創りたいと考えた。

「4の場合を考えようとしたところ」「4に変えたところ」など，○○さんのよさが発表される。教師は，「どうして『4つの場合はかける4かな？』と思ったの？」と思考の源を問い，無意識の意識化を図った。「3つの場合はかける3だったから，4つはかける4かなと……」ぽつりとつぶやく。教師は，「そう思ったところが素晴らしいね」と価値付ける。別の子どもが「4つの場合は，真ん中がないから，5つや7つ，9つの方がいいと思う」と発言する。「あ〜そうだね」とみんなも賛成し，調べてみることにした。

【5つの場合】
1 + 2 + 3 + 4 + 5 = 15
9 + 18 + 27 + 36 + 45
= 135

【7つの場合】
2 + 3 + 4 + 5 + 6 + 7 + 8 = 35
3 + 6 + 9 + 12 + 15 + 18 + 21
= 84

【9つの場合】
1 + 2 + 3 + 4 + 5 + 6 + 7 + 8 + 9 = 45
2 + 4 + 6 + 8 + 10 + 12 + 14 + 16 +
18 = 90

それぞれの式について,「真ん中の数×たした数の個数＝和」になっていることを確認し,どうやら,間違いなさそうだという予想を全体で確認した。

(4) なぜ？　という疑問をもち解決する

学びを振り返った後,次のように発問をした。

> 「今,『こんなことを考えてみたいな』ということがある人はいますか？」
> （発問の意図）子どもたちから問いを引き出すために,また,どのような問いをもっているかを見取るために,意図的にオープンな発問とした。

「4つの場合は真ん中の数はないけれど考えられないかな」
「なぜ,真ん中の数にたした数の個数をかけると和になるのかな」

どちらも素晴らしい思いであることを価値付けながら「なぜ,真ん中の数にたした数の個数をかけると和になるのか」を考えることにした。

自力で解決する過程で「平均だ」というつぶやきが聞こえてくる。解決の見通しが立たなかった子どもも「平均」という言葉をヒントにして解決に向かい始めた。

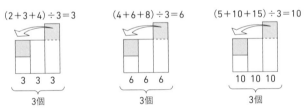

※実際は,それぞれの数の大きさに応じて長さを変えている。

たした数の個数が3の場合を考え,その後,5つの場合,7つの場合まで考えた子どもたち。"なぜ,真ん中の数にたした数の個数をかけると和になるのか"の答えを,図と式を関連付けながらノートに整理し発表し合った。

(5) 九九の表に関係していることに気付く

あらためて,「増える数が一緒チーム」を次のように並べて,問いかけた。

「この数の並び，どこかで見たことはないかな？」少々
悩んでいる子どもたち。「横に見ていくと」と教師がヒン
トを出す。「あっ」と驚いたような声をあげた子どもがい
た。「かけ算九九が見えた」と大きな声で発言した。
「えっ？　かけ算九九？」と首をかしげる子どもたち。
「あっ，なるほどね」と見え始めた子どももいる。かけ算
九九が見えた子どもに説明をしてもらうと，九九の表がほ
しいと言う。九九の表を用いながら，「『2，3，4』『9，10，11』は1の段，
『4，6，8』『18，20，22』は2の段を，それぞれ横や縦に見ていくと出てくる
数です」，5つの場合や7つの場合についても説明した。

$2 + 3 + 4 = 9$
$4 + 6 + 8 = 18$
$3 + 6 + 9 = 18$
$5 + 10 + 15 = 30$
$9 + 18 + 27 = 54$
$10 + 20 + 30 = 60$
$9 + 10 + 11 = 30$
$18 + 20 + 22 = 60$

「だったら，次は斜めかな？」あらたな問いが生まれた。

子どもたちは，斜めに並んだ数は，正方形の面積を表す数であることを発見
した。なお，4つの場合について家庭で取り組んできた子どもたちが多数いた。

教師自身の言語活動の振り返り

　教師は授業中，指示や発問を何度も子どもにしている。だから，自分の言葉
に責任をもたなければならない。また，子どもの学びの状況によって，発問を
臨機応変に変えていくことも必要である。例えば，本実践で「増える数が一緒
チームを見て，何か言いたいことがある人はいますか？」という発問がある。
当初は，「増える数が一緒チームを見て，何か面白いことは見えませんか？」
とする予定であったが，冒頭で「1つだけ変な式がある。」と発言した子ども
に対して，「先生にだけそっと教えて」と指示をしたため，子どもたちは，先
生が授業をリードしているという感覚をもったのではないかと思い，子どもに
委ねるオープンな発問に変えた。

[参 考]
平成30年度全国学力・学習状況調査小学校算数B4

| 3年 | あまりのあるわり算 | （尾崎伸宏） |

子どもの発想を広げるために
「ばらはどうかいたらよいの？」

問題とねらい

> **問 題**
>
> 　23 このみかんを，4 こずつ袋に入れると，4 こ入った袋は，何袋できるでしょうか。

　既習では，等分除，包含除の計算の仕方を学んできている。乗法の逆算として，除法を学んできているが，あまりのない範囲内である。本時では，「ぴったりと分けられない」「あまってしまう」という問題場面を取り扱う。問題をみると，子どもたちにとって「わり算かな」と立式できる子も多くいるが，計算処理の場面で「あまりの処理」をどうするか，またどう表現したらよいかで子どもたちは困ってしまう。そこで，子どもの困る「あまりの処理」を解決することが本時のねらいである。教師から，ぴったりと分けられない半端な数を「あまり」と伝えてしまうのではなく，子どもの表現に寄り添い，子どもが納得できる「あまり」の意識づけを問題解決の過程で考えさせることをねらった。生活の中では，あまりが出ても，何とか分けてしまう。数学上での「あまり」と生活の中での「あまり」の矛盾を子どもに考えさせたいと考えた。

教師の言語活動のポイント

　袋にはいれられない半端なおはじきをどう伝えるか，困りながらも表現する子どもの言葉をつなぎながら，みんなが納得できる表現へと近付けられるように，支援，整理していくことが教師の役割だと考える。「えっ，まだ友達に伝わっていない」「もう一度繰り返そうか」「別の表現をしようか」など，子どもの表現方法を引き出す「問いかけ」が教師のポイントとなる。

教師の言語活動

　子どもたちは，2桁÷1桁の除法で「あまりなし」の場面は，経験している。本時の問題をみると，場面から「除法になりそうだ」という見通しを子どもは持つことが想定できる。しかし，いざ計算処理の場面で式の中の答えを表現をする時，子どもは，どのように表現すればよいかで困る。「23÷4＝5あまり3」と簡単にかく子もいる。また，「答えは，5あまり3だよ」と簡単に答える子も少なからずいるだろう。しかし，他の子どもから「あまりって何？」と問いかけられると，「あまりはあまりだよ。」と返答に困ってしまう。あまりを説明するときに，どう言葉にすればよいかで困るのである。「言葉にできそうでできない」袋にはいれられない半端なおはじきをどう伝えるか，子どもの困りながらも表現する言葉をつなぎながら，みんなが納得できる表現へと近付けられるように，支援，整理していくことが教師の役割だと考える。「えっ，まだ友達に伝わっていない」「もう一度繰り返そうか」「別の表現をしようか」など，子どもの表現方法を引き出す「問いかけ」が教師のポイントとなる。また，言葉だけで伝わらないことは，「おはじきの操作を活用しながら，表現しようかな」という子も出るかもしれない。一歩，一歩，みんなが納得できるものへと近付けられればよい。クラスで学び合いながら，「あまり」の存在についての認識と，処理の仕方について，「子どもの表現」を引き出しながら，理解を深める授業を行った。

①何算になるかな

> 23このみかんを，4こずつ袋に入れると，4こ入ったふくろは，何ふくろできるでしょうか。

　「先生と一緒に，問題をかきましょう」と子どもに促し，問題をかいた。そして，「23このみかんを，4こずつ袋に入れると」でかくのを一端やめ，立ち止まった。子どもたちは，しっかりとここまで問題文をノートにかき写せてい

た。「この後,どんな文が続くと思う?」と子どもに聞くと,「何ふくろになるでしょう」「何ふくろ,できますか」と子どもは答えた。続きの問題文についてしっかり考えていた。では,「続きをかくよ」と言って,後の文をかいた。

そして,シンプルに,「何算になるかな」と子どもたちに問いかけた。

子どもたちの様子をみると,かなりの人数が手を挙げていたので,「分かったら,ノートに式をかいてみよう」と指示した。そして,2分間の時間をとった。その後,式がかけた子から立つように指示した。

まず,「何算になったか」について子どもに問いかけた。

Aさんを指名した。「わり算です」とAさんは答えた。「なるほど。Aさんは,どうしてそう思ったの?」と問い返すと,「ふくろに入れるから,わり算だと思った」と答えた。再び,突っ込んでAさんに問い返す。
「ふくろに入れると,わり算なの」

「だって,みかんをふくろに入れていくと減っていくから」とAさんは答えた。多くの子がわり算だという反応が見受けられたので,「わり算だとすると,式はどうなるかな」と再び子どもに問い返すと,Bさんが「23÷4」と答えた。でも,Cさんが「よく分からなくなってきた」とつぶやき,数人が「ぼくも」「私も」という反応をし,「道具を使って考えたい」というので,みんなにおはじきを配ることにした。

②おはじきを使って考える

おはじきを操作する時間を3分から5分とることにした。子どもたちは,机の上で,おはじきを操作し始めた。

「できた」という子どもの声。机にあるおはじきは,4つずつ分けてできたものであった。机の上をよく見ると,固まりが4つとばらのものが3つになっていた。

③ 23÷4，ばらはかくか，かかないかについて考える

　子どもたちは，おはじきの操作から，5袋に分けられることは分かった。

　次に，ばらの表記について子どもたちは議論した。

　では，「ばらはどうするの」と子どもに問い返した。

　「かかなくていいんじゃないの。ばらだから」という子と「23 この中にもともとあったので，ばらもかかなければだめだよ」という子の二つに分かれた。そこで，式の答えにばらをかくか，かかないかでそれぞれ理由を聞いてみることにした。

　「では，ばらは式の答えにかかなくてよい，かくという理由が言える人はいますか」と問いかけた。

● 「ばら」を式にかかなくてよいという理由

> ・ばらは，ふくろに入らないから，かかなくてよい
> ・「何ふくろできるでしょうか」という問題だから，かかなくてよい

● 「ばら」を式にかくという理由

> ・23 この中にもともとあったので，ばらはかかなければだめだと思う
> ・「20÷4＝5」と全く同じになってしまうので，ばらはかかなければだめだと思う。今日の問題は，23÷4だから

　どちらも主張した。はじめは，かかなくてよいという子が多かったが，「20÷4と答えが同じになってしまう」という子の考えを聞いて，かかなれればいけないという子が増えた。多くの子が納得できる意見だったと言える。

④ 23÷4，答えの表記について考える。

　「では，答えにばらをかくということになったが，どうかいたらよいの」と問い返した。

　　　　D君の表記　　　「5ふくろ　ばらで3」

　　　　Eさんの表記　　「5ふくろできて　3こばら」

多くの子がD君やEさんの表記であった。しかし，その中でFさんが「私はちょっと違うよ」と手を挙げた。「おはじきをもう一つください」

⑤新たな考えを探り，発想を広げる

> 教師の想定外の考え→総数を増やせば，あまりがなくなる。
>
> 総数を変える。想定外の考えだった。あまりをどう表記するかを考えている最中に，「おはじきをもう一つ」という考えは，面白い発想だと思った。実生活では，あまりはそのままにしておくことはないからである。

「Fさんは，どうしてそう思ったの？　Fさんの気持ちが分かる？」と問いかけた。すると，「え！」「あ〜！」という子どもの反応だった。そして，「分かった！」という子が，何人か手を挙げた。そこで，「手を挙げていない人に聞きます。Fさんの気持ちがわかる？　わからない人は，立ちましょう」と指示をした。どれだけの人がFさんの考えを理解しているか確かめるためである。すると，かなりの人が立った。考えが思いつかない人が多いことが確認された。そして，一端座らせると，手を挙げている子を指名し，考えを聞いた。「きっと，Fさんは，あと一個あれば，ぴったり分けられると思ったんだよ」とG君は答えた。続けて，黒板でおはじきを操作しながら，説明をした。

●G君の説明

・23このおはじき→おはじきを1こたす→　24このおはじきになる（総数）

・おはじきが24こになれば，24÷4で，6。ぴったり分けられる

つまり，Fさんは，あと1こあれば24になり，ぴったり分けられるという発想をしたのだった。

「では，Fさんの考えで，答えをかくとみんなだったら，どのようにかく？」と問いかけた。そして，Fさんの考えで答えをノートにかくように指示をした。

●Fさんの考えを言葉にした子どもの表記

・6ふくろには，あと1こたりない

106　3年　あまりのあるわり算

```
・6ふくろ　たりない1こ
・5ふくろできる。あと1こあれば6ふくろ
・あと1こあれば6ふくろできる
```

「ばら」をどう表現するかについて，考えていた子どもたちであったが「もし，あと1こあったら，ばらがなくなり，ぴったり分けられる」というFさんの考えには，発想が広がったことと思う。

教師自身の言語活動の振り返り ・・・・・・・・・・・・・・・・・・・・・・・・・・・・・・・・

　本時では，「ばらをどう表現するか」に焦点をあてて，授業したいと考えていた。まずは，「ばらを答えにかくか，かかないか」から議論したいと考えたが，想定通りできた。

・「ばらは袋に入れられないから，そのままにしておくから，かかない」
・「もともと23このものを4こずつに分けるのだから，かかなければならない」
　上記の2つの考えが出て，議論は盛り上がった。

　次に，「ばらをどう表現するか」の表記の問題であるが，「3こばら」「ばらが3こ」など，あまりに相当する表現が出てきた。これも想定内であった。

　しかし，想定外のこともあった。それは，あと1こあれば，ぴったり分けられるという発想である。元の23このみかんにあと1こ足して24こにすればあまりなく分けられるというものである。生活経験からくる子どもの豊かな発想である。私は，今回の授業から，「あまり」というものが，子どもにとって，身近なものではなく，特殊なものであると改めて実感した。「ばらをどう表現するか」「ばらが出なければぴったり分けられる」どちらの視点も，あまりを考える上で，価値のあるものであった。本時では，子どもの表現の素朴さを改めて学んだ，1時間だったと言える。

| 3年 | わり算 | | (森本隆史) |

一人の考えを受けとめるために
「どうしてそうしようと思ったの？」

問題とねらい

> **問題**
> 正方形の箱の中にチョコが36個入っています。□人で同じ数ずつ分けると1人分は何個になるでしょう

　本時は等分除の導入として扱った問題である。右の図を示して、上のように問うた後、□の中に入る数が何だったら簡単に分けることができるのかを考えていく問題である。被除数や場面の変化によって、どのように等分すればよいかを考えることがねらいである。

教師の言語活動のポイント

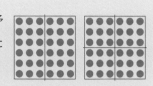

　□の中に入る数は、2や4がすぐに出ると予想していた。□の数が2の場合は、子どもたちが「2人だと簡単に分けることができるよ。だって、半分のところで線を引けばいいでしょ」と言うと考えていた。□の数が4の場合は「4人でも簡単に分けられるよ。半分の半分で線を引けば同じ数ずつに分けることができるから」と言うことを予想していた。2年生で分数の学習をしていたからである。
　4人で等しく分ける場合、右上の図のように線を引く子どもがいると考えていた。元の大きさの$\frac{1}{4}$が見えやすいからである。等分除の場合、36÷4をしていることは36個の$\frac{1}{4}$を作ることと同じだということを子どもたちが気付いていくというストーリーを考えていた。しかし、……。

教師の言語活動

(1) 一瞬の判断ミス

　私の問いかけに対して，子どもたちの多くは，はじめに36個のチョコを右の①のように分けていった。

　私はこれを見て，「これは何人に分けているのかな？」と問いかけた。すると，子どもたちは，「6人で分けている」と答えた。全員納得である。

　次に，「4人で分けると簡単だ」という意見が出てきた。私は子どもたちに，「4人で同じ数ずつ分ける線を引いてみよう」と言った。

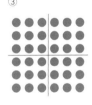

　このように言えば，子どもたちは正方形の半分の半分を意識して左ページにあるような線を引き，等分除と分数の学習のつながりについて考えることができると，考えたからである。ここから，私が想定していたことと授業は少しズレていた。

　私は子どもが図③のように線を引くと予想していた。しかし，はじめに指名したA男は図②のように線を引いたのである。②の図を見て，多くの子どもは首を傾げていた。私は「4人で分けることと4個ずつ分けることを勘違いしたのかな」と思った。

　②を見て，別の子が，「②ではない引き方がある」と言いながら③のように線を引いた。

　2つの図が出てきたところで，「4人で分けているのはどっちの図かな？」と子どもたちに問うた。

　③は「4人に9個ずつ分けている」という考えが出てきた。ある子どもが前

に出てきて，9このまとまりを示しながら説明したので，これについては多くの子どもが納得していった。

②の図を見て，子どもたちは困っていた。「これは4人に分けているのではなく，4こずつ分けている線だと思う。4人で分けているのではなく9人で分けていると思うよ」という意見をB子が言った。

私はB子の考えを聞いたときに，この後の授業をどのように展開していこうかと，一瞬迷った。A男の考えをしっかりと聞き，子どもたちに広げるべきか，「4人で分けるということと4こずつに分けるということをB子が言ったようにA男は勘違いしている」ということで流すべきか……。

ここで私は迷いながらも，等分除で導入しようと考えていたので，包含除で考えているA男の考えを広げずに，
「B子が言ったことが分かるかな？」
と言い，B子の考えを広げていくような授業展開をした。

私が，②のように線を引いたA男に根拠を尋ねなかったので，「②は9人で同じ数ずつに分けている」「③は4人で同じ数ずつに分けている」というように授業は流れていった。ある意味，教師が考えていた流れになったわけである。

しかし，この一瞬の選択は，授業後も自分の中に残っていった。

(2) 子どもの文脈にない「35個のチョコ」

さらに，子どもたちがまだ考えている途中で，私は子どもたちの文脈にない「35個のチョコ」を提示した。

そして，
「35個のチョコは4人で同じ数ずつ分けることができるかな？」
と問うたのだ。子どもたちはすぐに4人で同じ数ずつ分けることができないことに気付いた。次に，

「何人だったら，同じ数ずつに分けることができるかな」と尋ねた。

　分数の学習を生かして線を引けば，$36 \div 4$ は簡単にできる。しかし，図のように敷き詰められた 35 このチョコは，「線を引くだけでは何人に分けることができるのか考えにくい」ということを考えさせたかったのである。教師の思いばかりが先行していった場面である。

　子どもたちは，素直に教師に付き合ってくれた。

「4 人では分けられないけど 7 人だったら同じ数ずつに分けることができる」

「5 人でも同じ数ずつ分けることができる」

という意見を一生懸命に出していった。

　その後，教師が準備していた具体物を無理矢理使って，5 人で同じ数ずつ分ける操作をして，授業は終わった。

「どうして線をこう引いたの」

　授業を振り返ったとき，A 男の考えを広げる一言，「どうして，線をこう引いたの？」と言わなかったことが気になっていた。

　A 男は「4 人で分ける」ということと「4 個ずつ分ける」ということを勘違いしたのだろうか。A 男は，本当に「9 人で分ける」と思っていたのだろうか。いや，そうではないかもしれない。「4 人で同じ数ずつ分ける」ために，②のように線を引いたのではないかと，私は授業後に，やはり A 男の考えをきちんと聞きたくなったのである。

（3）根拠を尋ねる一言から始まった授業

　次の日の授業は，前の日の図をもう一度黒板に貼り，A 男に次のように尋ねるところから始めた。

「A 男は 9 人じゃなくて 4 人で分けたんだよね。どうして線をこう引いたの？」

　すると，その男の子はうれしそうな顔をして，次のように言った。

「9 人に分けるんじゃなくて，これ（4 つのかたまり）を 4 人で分ける」

「どうしてそうしようと思ったの？」　　**111**

その考えを聞いたとき，初めてA男が考えていることがわかった。A男は4個ずつに分けた後，その4個を4人に分けようとしていたのである。しかし，多くの子どもは，何を言っているのか理解することができなかった。もう一度，A男が説明をすると，C子が「わかった」と大きな声をあげた。

　C子は，4つずつに分けられたチョコの上に磁石を置き，1つ1つを4人に分けていった。しかし，これを見た子どもは，やはり9人に分けているという意見を言う。女の子は負けずに2つめの写真の矢印のように，「1, 2, 3, 4, 5, 6, 7, 8, 9」と数えていき，「1人9個もらえる」と言った。

　ある子どもが「そこがわからない」と言う。9個の磁石を手に取り，「この磁石を貼ったところが一人分になる」と，左下のように磁石を貼ったのである。あと少しでA男の考えが全員に広がっていく。

　左の磁石を見たときに，子どもたちの表情は2つに分かれた。「4人に分ける方法に気付いた顔」と「何を言っているのかわからない顔」の2つである。

　こんなとき，子どもが何も言うことができないようにはしたくない。だから，教師は言葉を選ぶ必要がある。わかっていない子どもたちが「わからない」と反応しやすい言葉を選ぶのである。

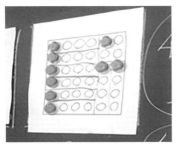

　私はこのとき，次のように言った。「C子の言ったことは難しかったかな？」

　すると，「わかった」という声と「んー，わかんない」という声が教室に聞こえた。そこで，「わからない」をみんなで解決し始めた。

112　3年　わり算

D子は,「図で書いた方がわかりやすいよ」と言い,書き始めた。その図と説明がとてもわかりやすかった。
「4個ずつに分けていった後,その4個をこうやって4人に分けていくんだよ」
　多くの子どもは,4個ずつに分けた後に4人で分ける方法について理解することができたのである。

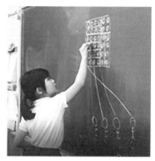

　前の授業では,A男以外の子どもは,A男の図は「9人で分ける」図としてしか見ることができなかった。
　私が35個の図を提示したかったがために,A男に根拠を尋ねなかった。教師がたった一言子どもに声をかけるだけで,授業の展開が大きく変わることを痛感した。

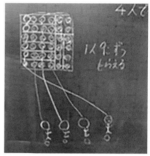

教師自身の言語活動の振り返り ・・・・・・・・・・・・・・・・・・・・・・・・・・・

　授業をするときに,意識していることがある。それは,「困っている子どもの味方になる」ということである。この実践から教師は子どもの「小さな声」を大切にしないといけないと改めて思った。
　この小さな声を聴いたことで,子どもたちの力で,等分除と包含除を統合する考えにまでたどり着くことができた。これは教師が想定していたことをはるかに超えている。
　一人の考えを受け止めたから見えてきた世界だった。

2年 かけ算 （山田剛史）

課題を明確にするために
「この場面でも使えるかな」

問題とねらい

問 題
ノートは足りるか？

　子どもが提出した5冊で1山の漢字ノートが全員分あるかどうか，である。

　本実践は今まで時計を読む
ために使ってきた表を利用し

	1	2	3	4	5	6	7	8	9	10	11	12
5	5	10	15	20	25	30	35	40	45	50	55	60

て，物を数えられることをねらっている。

　本実践前の「時間と単位」学習の際や普段の生活の中で，この表を扱ってきている。子ども達にとっては，時計を読むための表である。また，本実践の前時には，30 cm ものさしで少し長いものを数える活動をした。その際に，$30+30+30+30+30+30+30+30$ を $30×8$ と書けることを扱っている。子ども達は，同数累加のたし算の式を簡単に表現する方法として $30×8$ と書くことを経験しているのである。5 の段のかけ算の表現と時計を読むための表は，まだ子ども達に関係付けられていないのである。

教師の言語活動のポイント

　本実践では，ノートを数えるために時計を読むための表を使ってはいけない，と言う立場の子どもが出てくる。本時のねらいを視点にすると，5 の段のかけ算の表現と時計を読むための表を関連づける見方をしていない子どもだと捉えられた。しかし，子どもの話を聞くと内実は違っていた。

　「答え，見ている感じがする」というのである。この意見をどのように価値づけて，ねらいに迫るのかがポイントとなった。

114　2年　かけ算

教師の言語活動

(1) 答えの求め方を問い，伝え合わせる

　教師が漢字ノート（20冊）を5冊ずつ数えながら並べ，「ノートが（28人分に）足りるかな」と問い，一人一人がノートを数える

ことから授業を始めた。子どもの大半はかけ算九九を暗記していないが，4分の1程度の子ども達は事前にかけ算九九を暗唱できるまでに学習経験がある学級であった。そのこともあって，前時に学んだかけ算による表現を想起させる手立てを講じずとも，かけ算による表現が取り上げられた。
　「5冊と5冊と5冊と5冊」「5＋5＋5＋5＝20」による数え方を扱った後に，
C：「これは5が4つだから，式は5が4つ」　T：〈板書〉5＋5＋5＋5
C：「で，それをまとめて書くから，5かける4は20」　T：〈板書〉5×4＝20
と，5×4＝20の表現が意見として出された。答えの20をどう求めているかは，ここでは意見されていない。

> 　かけ算の答えを得るには，かけ算の表を参照するか暗記しているかしないと，5＋5＋5＋5を地道に計算しなければならない。本実践の場合，地道に計算しても，それほど大きな手間をかけずに答えが出る。どう答えを出したかが重要である。そのことを問いたい。ここまでの板書を見たのか，表を見たのか，を聞くようにしたら答えやすいだろう。
>
> 「その答えの20はどうやって分かったのかな？　どこを見たら分かったかな？」

　そのように問うと「この5だけのまとまりが4つあって，それで，5たす5たす5たす5で，5かける4」と子どもは意見した。

> 　これは5の段だから，わざわざたし算をしなくても数の感覚で答えているのかもしれない。これ以上，この子にどう答えが分かったを問うと言葉

「この場面でも使えるかな」　　115

につまって答えられない可能性がある。そうなると，重たい雰囲気になる
だろう。挙手している子どもでかけ算をノートに書いていた子どもを指名
しよう。それでも表を読むことが取り上げられなかったら，「5×4 の答え
を，たし算しないで簡単に分からないかな」と聞いてみたい。

かけ算をノートに書いてい
た子どもを指名すると「そ

	1	2	3	4	5	6	7	8	9	10	11	12
5	5	10	15	20	25	30	35	40	45	50	55	60

の，見ればいいところは，この（表を指差して）5 が 4 つのところで 20 って
いうところ。あの 5 かける 4 は，5 が 4 つで。それで，ここ（板書「5＋5＋5
＋5」の式）を見たら 5 が 4 つで，1，2，3，4 のところが（表の 1 行目の 1，
2，3，4 を順に棒で指しながら）20 だから，答え 20」と，時計を読むための
表を参照して 5×4 の答えを得る意見が出された。

この表を読んで答えを知ることをどう受け止めているか聞く。もし，
「時計を読むための表だからだめだ」という意見が上がったら，この表で
よいという意見から，時計でもノートでも 5＋5＋5＋5 であること，かけ
算で捉えらえることに目を向けさせる。
「ここを見るの，と思った人？　ああ，ここ見るの，そうだよなあ，と
思った人？　お，ここ見るの，それでいいのかな，と思っている人いる？」

そう問うと，表を見ることに納得している子どもが 10 人くらいいた。そし
て，表を見ることに納得していない 1 人の子どもが挙手をした。

(2) 違う立場の意見に寄り添い，答えの求め方のよさに迫る

この子どもは「時計を読むための表だから」と意見する可能性がある。
そうなれば，時計でもノートでも 5＋5＋5＋5 でよいというかけ算の意味
に迫れるだろう。なぜ納得していないかを聞くことにする。
「なんで（納得していないの）ですか？」

その 1 人に聞いた。すると「え，なんか，自分で解いた気がしないから。答

116　2 年　かけ算

え，見ている感じがする」と答えた。

> 　想定外の発言である。この発言は，表を見て答えを知ることは計算して
> いるわけではない，ということであろう。かけ算九九を暗唱できる子ども
> であるから，覚える努力もしてきているだろう。計算をしているわけでは
> ない，という感覚は，計算の労力を省けることを分かっていることと同じ
> ことでもある。この発言は重要である。展開を変えて，先に“かけ算表を
> 用いると能率的”であることについて話し合うようにする。
> **「答えを見ちゃっている気がするということ？」**

確認すると，子どもが頷く。続けて教師が「この気持ちが分かる人？」と聞
くと，何人かが頷いている。すると，1人の子どもが「自分で表を見たらいい
と気がついたんだから，よいと思う」と反対する意見を発言する。多くの子ど
も達が賛成する。

> 　この意見では“答えを見ちゃっている”と思っている子ども達は意見を
> 変えないだろう。そもそも，表を見ていいか悪いかが大切なのではなく，
> 表を用いることが計算の労力を省くことを子ども達と確認できれば良い。
> 素直に，それを聞くことにする。
> **「これはつまり，言葉をかえると，先生の言っていることが違っていたら
> 言ってよ。楽に答えが分かりすぎる，っていうこと？」**

すると，“答えを見ちゃっている”と思っている子ども達は「そう」「楽す
ぎ」と言ったり，頷いたりした。教師は表の横に「楽すぎ」と板書した。

(3) 子どもの話し合いで曖昧になってしまっていることを明確にする

> 　“かけ算表を用いると能率的”であることに迫った。5+5+5+5が5×
> 4ということは，授業の序盤で意見として扱えているが，5冊1山が4山
> のノートの冊数でも，この表を使って良いということは曖昧になってい
> る。時間がノートの冊数に変わっても，この表でよいということを明確に

「この場面でも使えるかな」　**117**

したい。それが，この表を5の段の表とすることになるからである。

T：「この表，今までさ，ね，この表を使って何を数えてきた？」

C：「数」　C：「時計」　C：「時計」

T：「時計を読んできたんだよね。時計を読むときにしか，今まで使ったこと
　　ないけど，これをノートを数えるときにも，使ってもいいの？」

　このように問うと「いい」と多くの子どもが言った。そして，その理由を
「だっては？」と教師が聞き返すと，「時計も，そういう数，そういうノートの
量も全部数だから，リットルとかもそうだけど，全部数だから，同じように
使っても大丈夫」という意見が出された。

　ここで，どのようにノートの冊数を数えたかの話し合いが終わる。

(4) 問題を解決し，その解決の過程にあった算数のよさをまとめる

　そして，ノートが28人分に8冊足りないことを確認した。足りない8冊
は，あらかじめ教師が他の場所に置いておいた。その8冊を探し出して，全員
分の28冊の漢字ノートがあることを確認した。問題の「ノートは足りるか？」
は解決することができた。

　ここで解決を振り返って，かけ算で捉えて数えたことと，その良さをはっき
りさせたい。

T：「今，8冊は後から足したんだよね。この20冊を数えたときに，ね，何が
　　楽でした？　何をしたら楽に数えられましたか」

　すると「かけ算」「表を見る」という意見が出された。「かけ算」「表を見た
ら」と教師が板書すると，「かけ算にして表を見たら，分かる」と発言があっ
た。さらに「簡単に分かる」という意見があった。

　"かけ算にして"という言葉は，かけ算で捉えたとも，5＋5＋5＋5を5
×4と書き換えたとも解釈できる。どちらにしても，かけ算の意味と表が
関連づけられている。このまま，まとめて，残りの時間で他の問題を解か
せることにする。

118　　2年　かけ算

> **教師は「かけ算にしてひょうを見たらかんたんにわかる」と板書に残した。**

　そして，図書館から借りてきている本の冊数を数えることを提案して，「簡単に数えられるんだよね。かけ算にして，この表（5の段）を見て簡単に分かるためには，本をどう並べていったらいいかな」と教師が問うと，「5冊ずつ」と子ども達が答えた。図書館の本は5×9＋3とかけ算を用いた式に表されて，48冊あることが分かった。

教師自身の言語活動の振り返り ・・・・・・・・・・・・・・・・・・・・・・・・・・・・・・

　子どもの言葉はおもしろい。本実践においても，おもしろい言葉は多くあるが，特におもしろかった言葉は「え，なんか，自分で解いた気がしないから。答え，見ている感じがする」である。教師はかけ算のよさを伝えたいと思っていた。だから，かけ算の表で答えを参照できれば，簡単に答えを知れると考えていた。しかし，表を参照して簡単に答えを得ることは，努力を要さないため"ずるい"ことだと受け止められているのである。そう受け止めている子どもは，既にかけ算九九を暗唱できる子どもでもあった。つまり，かけ算の答えを覚える努力をしてきている子どもなのである。そして，覚えれば能率よくかけ算の答えを得ることも知っているのである。

　本実践では，教師がかけ算の答えを参照することが能率的であることを子どもに聞き返して対応した。そして，授業の展開も大きく変えた。

　しかし，もし教師が「答え，見ている感じがする」と言った子どもに「〜さんは，見なくても覚えているのかな」と，その子どもの実態を確認したとしたらどうであっただろう。5＋5＋5＋5というたし算をしなくて良いことが強調されたのではないだろうか。「覚えている人は見なくても答えが分かるね。覚えていない人は表を見ればいいね」とすれば，累加のたし算の手間を省いているかけ算の使い方が授業により明確に顕在化したかもしれない。

　教師にとって想定外の子どものおもしろい言葉は，教師が授業をよりよくしていくヒントを与えてくれているように感じる。

「この場面でも使えるかな」　**119**

| 6年 | 分数÷分数 | （工藤克己） |

全員参加の授業を創り上げるために
「途中の計算のしかたを 予想できるかな」

問題とねらい

> **問 題**
>
> $\frac{3}{5}$ ㎡のかべをぬるのに，ペンキを $\frac{2}{3}$ dL 使います。
> このペンキでは 1 dL あたり何㎡ぬることができますか。

　6年生の「分数÷分数」で，$\frac{3}{5} \div \frac{1}{3}$ を扱った後（次時）の学習である。

　本時では，子どもたち自身の力で計算方法を見つけ出していくことをねらいとしたい。そのために，面積図を手がかりにまずは答えを明確にするところから解決を進めていく。答えから計算の過程を推測し，それが正しいといえる根拠を図から見出していく展開を組んでみた。

教師の言語活動のポイント

　全員参加の授業を目標としたい。「全員参加」とは，学習集団全員がそれぞれの思考を活発に働かせることである。そのために「対話的な学び」は欠かせない。集団内の密な情報交流が解決の力を大きくしていくからだ。

　本時の「対話的な学び」を進める上で核となる教師の言語活動として，以下 3 点に限定し，あとは子どもたちの流れに委ねてみる。

①問題の状況を図に表し，図からわかる答えを問うこと……言語活動 1
②計算のしかたを予想しようと投げかけること………………言語活動 2
③予想した計算方法の正否を図から見いだそうと促すこと…言語活動 3

　この他にも，これら核となる働きかけを補完する意味で，集団内の情報を浸透させたり揃えたりするための教師の細やかな言語活動も重要となる。

120　　6年　　分数÷分数

教師の言語活動

(1)「ぬれるところまでぬってみよう」

> $\frac{3}{5}$ ㎡のかべをぬるのに，ペンキを$\frac{1}{3}$dL 使います。
> このペンキでは 1 dL あたり何㎡ぬることができますか。

　最初，あえて前時と同じ文章題を提示した。当然子どもたちから，「同じだ」という声が上がる。それを認め，前時の学習を振り返ることから始める。そして，「$\frac{1}{3}$dL が$\frac{2}{3}$dL に変わったら計算できるかな」と尋ね，式が前時同様「分数÷分数」になることを確認する。

　「÷$\frac{1}{3}$だと×3 をして答えが求められたけど，（$\frac{2}{3}$の分子の）2 が困る」と子どもたちから素直な困惑の声が出た。

　計算方法について尋ねてみたところ，複数の子たちから「逆数をかければよい」という発言があった。だが根拠が曖昧だったため，知識として知っていただけらしい。無論この時点で扱うのは時期尚早のため保留とした。

　前時にならい「まず，図にして答えを求めてみるとよい」という反応を期待したが出なかったため，こちらから下の面積図を全員でかいてみよう，と提案した。

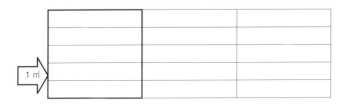

　「問題文にあるペンキが 1 dL あるとしたら，どこまでぬることが出来るかな」と言いながら，教師は黒板上に，児童はノートに色をぬっていく。

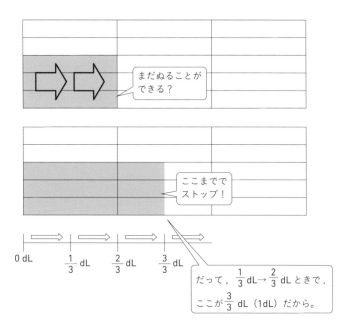

(2)「ぬった部分の広さがわかるかな」

（言語活動1）　「ペンキをぬった部分の広さは，何㎡になるのかな」

　核となる最初の教師の言語活動である。

　この図から，全員が $\frac{9}{10}$ ㎡を導き出すのはなかなか容易ではない。なぜなら，面積図の中に10等分が見えないからである。それに気づくためには，下図の様に1㎡を縦に2分割する直線が必要となる。そして，その線を引くのは，教師ではなく子どもたち自身でありたい。

　広さにたどり着くまでの手がかりを，子どもたち側から引き出すために，グ

ループでの相談タイムを設けた。何らかの手がかりを見つけ出してくれることを期待する。

結果，2つのグループから次のような声があがった。ひとつは，「10個に分けてみた」というものである。これに対し，周りから「えっ？ 何で10個？」という声が上がる。当然である。もうひとつは，「ここ（$\frac{3}{5}$ ㎡からはみ出た部分が）$\frac{3}{10}$ ㎡になっている」というものだ。このことに対する周りの反応も「？？？」が多い。

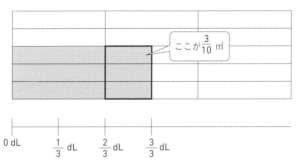

ここは全員で問題を共有し考えていく大事な場面である。何人かの子どもたちが黒板の前に出て，1㎡を縦に2分割する線を引いた。1㎡が10等分され$\frac{1}{10}$ ㎡が見えてくる。それが9つ分あるということで，ペンキをぬった部分は$\frac{9}{10}$ ㎡であることが，対話により全体の共通理解となった。

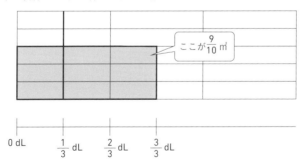

(3) 答えから計算方法を推測する

答えがわかったところで，次の教師の言語活動である。

「途中の計算のしかたを予想できるかな」　**123**

（言語活動 2）「途中の計算のしかたを予想できるかな」
$$\frac{3}{5} \div \frac{2}{3} = \left(\ \ ?\ \ \right) = \frac{9}{10}$$

ここは当てずっぽうで構わない。ただ，「5・3・2・3」という数値構成から自ずと「5×2＝10」「3×3＝9」という式が見えてくることが期待できる。実際の授業でも，予測した反応が子どもたちから出た。

授業のスタート場面で計算方法について尋ねたときに，除数を逆数にして被除数にかければよい，と主張した子が数名いたが，途中の計算式を目にして，「そうか，（逆数をかけるというのは）そういうことか」と口にした子がいたのが印象的であった。

$$\frac{3}{5} \div \frac{2}{3} = \frac{3 \times 3}{5 \times 2} = \frac{9}{10}$$

そうか，そういうことか
$$\frac{3}{5} \times \frac{3}{2}$$

(4) 図の中に計算方法の源を見つけ出す

最後の言語活動である。

（言語活動 3）「図の中に 5×2 や 3×3 があるのかなあ」

教師からそう言われると子どもたちは「あるに違いない」と懸命に探そうとする。「5×2 や 3×3 は，この図の中のどこにある？」とは尋ねない方がよい。図の中にあることを暗示することになり，正解を見つけなければという意識から活動のエネルギーが萎む可能性があるからである。

かけ算の意味がきちんと理解できていれば，5×2 や 3×3 を見いだすのはさほど難しいことではない。

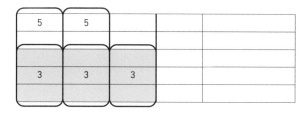

そして，他の数値でもこのことが成り立つことを確認し，本時の学習をまとめていく。

教師自身の言語活動の振り返り ・・・・・・・・・・・・・・・・・・・・・・・・・・・

　子どもたちと対話的な学びを創り上げていく上で，教師の言語活動として大事な視点が2つあると思う。

　ひとつは，子どもたちの思考を促すための言語である。本時であれば，分数÷分数の計算方法を子ども自らが見いだすためのアプローチとして，①図に表してまず答えを見いだす　②答えから計算方法を推測する　③推測した計算を図の中に見いだす，という段階が子どもの思考に沿うのではないかと予測した。その流れに乗せるための教師の言葉として，①「図に表して答えを見つけよう」②「計算方法を予想しよう」③「考えた計算方法が図の中にあるだろうか」といった思考の核となる教師の発問を設定してみた。もちろんその設定が子どもたちの思考の流れとうまくかみ合わないこともある。そのかみ合わせを的確に行うためには，日々のたゆまぬ教材研究の積み重ねと数多くの経験が必要となる。

　もうひとつは，学習集団全員が問題解決に関わっていくための言語である。ともすれば，発言力の強い子たちだけで授業が進んでしまうケースも多い。授業の土台に上がった発言は，学習集団全体に染み渡らなければ全員参加の授業にはつながらない。そのため本時では，学習進度のラインを揃えるための発言を意識した。例えば，「色をぬった部分が何㎡なのかグループで考えてごらん」と子どもたちにバトンを渡し，そこから導かれた手がかりについて，学習集団全体で考えてみた。その際，「なぜ10等分になるのかわからない」という発言を重要視し，それを全体の話合いのテーマとしたことで，本時の学習内容に関する核心に迫るための土台ができた。ペア学習やグループ学習が持つ目的は様々であろうが，全員参加の授業を考えたときには，情報を隅々まで行き渡らせる目的として「ペア」や「グループ」という対話場面が効果を発することが多いと考えている。

「途中の計算のしかたを予想できるかな」　**125**

6年　円の面積　　　　　　　　　　　　　　　　　　　　　　　　　　　（中田寿幸）

子どもの見方を拡げるために
「困っている人がいるんだけど…」

問題とねらい

6年「円の面積」の導入で，面積の公式を導くまでの流れは，教科書ではおおよそ次のようになっている。

①半径10cmの円の面積の見当をつける。

②1cm²ますを数えながら，およその円の面積を求める。

③円をおうぎ形に分けて，平行四辺形等に変形して円の求積公式を作り出していく。

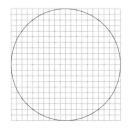

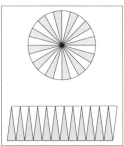

①から③までの流れを子どもの発想から作っていくのは難しい。活動の視点を教師から示して，言われたことを子どもが作業しているようになっている。子ども自身が円の面積を求めていく中で，見当をつけ，おうぎ形に分けていく見方を引き出していきたいと考えた。

教師の言語活動のポイント

①1cm²のマスを1つずつ数えて円の面積のだいたいを求めていくことを教師から課題を示していく。曲線で切れている半端な1cm²ますは合わせて1cm²を作って数える。これは既習の三角形や平行四辺形の面積を求めていくときに学んできた方法である。

②子どもは1cm²のまとまりを長方形とみて，かけ算で求める方法が，速く正確に求める方法であると，数える方法を修正していく。

③曲線で切られた半端な形を処理しようと，子どもは長方形以外の習った
　形を見出そうとしていく。
④曲線で切られた半端な面積を小さくするためには，半径を一辺とする三
　角形を細かくしていけばよいことに気付いていく。
　この流れは子どもが１cm²ますをどのように数えていくとより正確に円の
面積を求めていくことができるかという活動を通して，円の面積をどのよ
うに見ていくかという見方を拡げていくことができる。子どもたちが試行
錯誤をしていく様子を教師の言葉・発問を通して共有していきたい。

教師の言語活動

(1)「円の面積はだいたいどのくらいだと思いますか？」

　半径が10cmであることは伝えないまま，方眼上にかかれた円を見せなが
ら，『この円の面積を求めます』と伝えることから授業を始めた。

　「えー，わからないよ」という言葉を受けて，『だいたいどのくらいだと思い
ますか？　１マスは１cm²です』と面積の見当を付けさせた。まずは大体でいい
という教師の姿勢を示している。このときの見当は見た感じの予想である。子
どもからは100 cm²から250 cm²という数が出された。

　１cm²のますを数えれば，面積は求まるはずだと伝えると，「数えるの！」と
いう声と，「無理だ」という声が出てきた。さらには，「半径は何cmですか？」
という質問も出された。

　これらの声に対して，円に外接する正方形が一辺20 cmであることを伝え，
『多くても400 cm²だから数えられるでしょう』と返した。

　子どもからは，曲線で切られた半端な１cm²ますを数えるのは「無理だ」とい
う意見が出される。三角形のときのように，合わせて１cm²をつくればいいとい
う意見も出されるが，「直線ならぴったりくっつけられるが，曲線ではぴった
りはくっつくことはない」と返される。このような意見の交換の中で，『無理
だと言っている人の考えは理解できるかな』『円の面積をピッタリ正確に求め

「困っている人がいるんだけど…」　**127**

ることは難しそうだね』『だいたいの面積しか求められないね』と子どもの言葉を受けていった。そして，「およその円の面積を求めていこう」と課題が決まっていった。

　ここまでのやりとりの中で，教師は，子どもの困り具合を子どもの言葉を繰り返すことで，問題を焦点化させ，円の面積はおよそでしか表せそうにないことを確かめてきた。この先，公式を作るときにも曲線の部分はおよそで考えていくしかない。また，公式を使っても円周率を使うことから，ピッタリな数で面積ができないことも学習していく。単元を通して，円の面積はおよそで考えていくという貫く考えのスタートを作っていっていると考えている。

(2)「自分の考えを変えていくことが成長だよ」

　1㎠のますを数えていくことで，円の面積を求めていくことになると，1ますずつ数字を書きながら数えていく子がいる。『もう71まで書いているよ』と，その方法の確実なことを褒めて，認めていく。しかし，より速く簡単に数えるために，子どもたちは1㎠のまとまりを長方形とみて，かけ算で面積を求めていく。「長方形にすれば，かけ算で一気に出せる」「欠けていない1㎠を囲んで，長方形に分けて計算して，後であわせればいい」と考えが出された。これらの考えを聞きながらも1ますずつ数え続ける子もいる。しかし，最初に1ますずつ数字を振って数えて褒められた子は，方針を変えた。友だちの考えを聞いて，そのよさを認め，自分の方法を変えていったのである。この変えていくところが，見方が拡がった瞬間である。友だちの考えを理解し，認め，自分の考えとし，行動を変えていったのである。

　この行動を変えていったことは，『自分の考えを変えていくことが成長だよ』と全体の前で褒めて価値づけていった。用紙は多く用意しておき，考え方を変えたときには，用紙を新しくしていくことができるようにしておいた。

(3)「正方形の一辺の長さが分からなくて困っているよ」

　できるだけ大きな長方形を円の中に見出して，一気に面積を求めようと考え

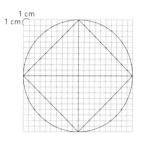

る子がいる。その中で右のように、円に内接する正方形をかいて考える子がいる。ところが、正方形はできたものの、一辺の長さが整数にならずに困っていた。『たかしは大きな正方形がかけたんだけど、一辺の長さが分からなくて困っているよ』と全体に広げた。すると、「三角形で考えればいいよ」「三角形2つだね」「三角形4つでもいいよ」と三角形を見出す意見が出された。三角形の面積として考えると、内接する正方形が200㎠とわかる。こうして、教科書に出ている200㎠よりも大きく、400㎠よりも小さいという見当づけの見方が出てきた。「200㎠と400㎠の間だから300㎠ぐらいかな」と見当も付けられた。

子どもの困り具合を全体に広げ、共感して、困っている子の力になろうと、子どもたちは意見を出していった。これにより、実はわかっている気になっていた子どもたちの理解も深めていくことができるのである。

(4)「どうして2つの二等辺三角形に分けたの？」

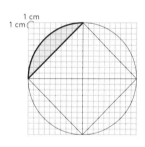

200㎠と分かった正方形だが、残すところは子どもたちが「ピーナッツ」と呼んだ曲線で切られた場所である。『たかしは200㎠までは分かったけど、あとピーナッツのところで困っているよ』と再びたかしの困り具合を全体に広げた。

すると、ピーナッツの部分の1㎠ますを数える子が出てくる。また、ピーナッツの中に三角形を見出して面積を出せない困る部分を小さくしようとする子が出てくる。

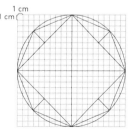

さらには、直角二等辺三角形の部分を半分に切って、2つの二等辺三角形に分ける子も出てきた。『どうして、2つの二等辺三角形に分けたの？』と発想の源を聞いてみると、「細くしたら、面積が出せな

「困っている人がいるんだけど…」　**129**

くて困っているピーナッツのところが小さくなるかなあと思って……」と正八角形を作ってみたのである。

この子の意見を受けて、さらに二等辺三角形を細くして、正16角形、正32角形としている子が出てきた。二等辺三角形を細くすれば細くするほど、面積を出すのに困っていたピーナッツの部分が小さくなっていく。

こうして、円の中に三角形を見出しながら、その三角形を細く切り分けていくことで、面積を求めていく方法に気付いていったのである。

子どもがどうしてその方法を見つけたのか、どう考えてその方法に気付いたのかという「発想の源」を振り返らせ、共有していくことで、どのように考えていったらいいのかという発想の仕方を学んでいくことができる。

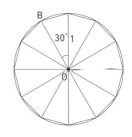

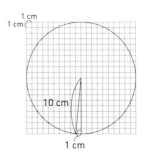

(5) 円を63個の二等辺三角形に分ける

円周は62.8 cmなので、およそ63 cmと見ると、底辺が1 cm高さが10 cmの二等辺三角形が63個できると考えた子がいた。底辺が1 cmなら、計算がしやすいので、半端な数だけど63個にしたという。細長い二等辺三角形の面積は1×10÷2で5 cm²となる。それが63個だから円の面積は315 cm²となった。

次の時間にはこの考えを言葉の式に表しながら、公式を導いていった。

1×10÷2×36を言葉の式に表すと、底辺×高さ÷2×63となる。これは、円周÷63×半径÷2×63と表すことができる。

円周は直径×円周率＝半径×2×円周率だから、半径×2×円周率÷63×半径÷2×63となり、半径×半径×円周率だけが残っていった。

| 教師自身の言語活動の振り返り | ・・・・・・・・・・・・・・・・・・・・・・・・・・・・・・・・・・・・・

　円の面積の導入は，これまで，やり方を示し，子どもに作業させて，また次にやり方を示し，作業させる……そんな活動はあっても，子どもの問いが生まれにくいという悩みがあった。

　しかし，子どもが1㎠のますを数える活動をしながら，そのときの困り具合を表現し，乗り越えようとするときに，新しい見方が引き出されていった。

　円の中に長方形を見出すときには，困り具合はそれほど大きくなかった。そのため，困り具合を乗り越えることも容易だった。

　しかし，ピーナッツの面積をどう求めるのかは多くの子が困っていた。どうしたら，ピーナッツの面積を求めることができるか，という発想から，どうしたらピーナッツの面積を小さくすることができるかという発想に転換するときには大きなエネルギーが必要だった。そこには試行錯誤があった。しかし，その試行錯誤をすべて扱うことは時間的にできなかった。子どもたちが試した中から，教師が見出していった二等辺三角形を細くしていくということ，これは次の時間の公式を作るときに使われる考えであるが，この考えを全体の問題としていく必要があった。そのためには，たかしのピーナッツの困り具合をクラス全体で共有することが必要だったのである。

　授業にはねらいがあり，そのねらいを達成するために，教師は授業をどう流すか計画を立てていく。しかし，その計画の通りに流れないときがある。子どもがつまずいたり，誤答を出したりしたときである。しかし，そのつまずき，困り具合を解消していくことは直接的にも必要であるだけでなく，その困り具合を解消していくことが，授業のねらいを達成するための道になっていく。子どもの困り具合にかかわっていくことは遠回りのようにも感じるが，実は子どもにとっては，大事な遠回りなのである。教師が自分たちの思い込んでいた道を修正していく必要があるのである。

「困っている人がいるんだけど…」　**131**

| 5年 | 図形の角 | （夏坂哲志） |

新たな発想を促すために
「（子どもの言葉を 聞き間違える）」

問題とねらい

　三角形の内角の和がいつでも 180°になることを見つけた子ども達が，四角形の内角の和について考える学習場面である。

　問題は，「四角形の内角の和は何度になるだろうか？」。

　正方形や長方形は 4 つの角が全て 90°なので，内角の和が 360°になることが明らか。では，それ以外に，内角の和が明らかに 360°であることがわかる四角形はないだろうか。そして，一般四角形の場合も内角の和は 360°と言ってよいだろうか。このような段階を踏みながら，わかっていることを使いながら説明していく力を育てていくと共に，図形の見方を豊かにしていくことをねらいとしている。

教師の言語活動のポイント

　説明ができる形から順に考えていくようにしたい。そこで，「四角形の内角の和はいつでも 360°になりそうだ」という予想を立てた後に，まずはそのことを説明できる形を考えさせる。そのために，「絶対に内角の和が 360°であると言える四角形はありますか？」と尋ねた。

　その後，どんな四角形についても内角の和が 360°になることを説明するために，四角形を三角形に分割すればよいことに気付いた子が，「対角線を引く」と言った。この言葉を受けて，その子は対角線を 1 本だけ引けばよいと言っていることを知りつつも，対角線を 2 本引いてみる。これに対し，多くの子は，「そうじゃない」と反応するのだが，図を見て，「それでも説明できる」と言い出す子もいる。そこから，新たな発想を引

132　　5 年　　図形の角

き出すことができた。

教師の言語活動

(1) 内角の和が 360°であると言える四角形を考えさせる

　本時は，三角形の内角の和が 180°であることを学習した次時の授業である。前時に学習したことを黒板に整理して確認した後，「じゃあ……」と言うと，数人の子から，「四角形の内角の和もわかる」「五角形もわかるよ」「十角形もわかると思う」という声が挙がった。

　これらを受けて，「へえ，みんなは四角形も内角の和がいつも同じになると思っているの？」と問い返してみる。

　この段階での子ども達の状況は様々である。四角形の内角の和が 360°であることを知識として持っている子もいれば全く知らない子もいる。また，知っている子の中には，説明の仕方までわかっている子もいれば，そこまで考えたことの無い子もいる。このような子たちが，1つの教室の中に混在している。そのことを踏まえた上で，子どもに投げかける言葉を選ぶ必要があるだろう。

　また，「四角形の内角の和は何度だろうか」という問いは，「四角形も，三角形と同じように，内角の和はいつでも同じになるのではないか」という予想があって初めて発せられるものである。子ども達の中には，まだそこまで考えていない子もいると思われるので，物事を考えていく時の自然な流れに沿って問いを発していくことも大事だと考える。

　さて，授業の続きに話を戻そう。

　「いつも同じになると思っているの？」とたずねると，多くの子がうなずく。そこで，「四角形の内角の和は，何度になると思ってるの？」と続けてみると「360°」と答えた。

　ここで，「どうしてそう考えたの？」と尋ねてもいいのだが，そういう尋ね方だと，「対角線を引くと三角形2つに分かれるから……」のような説明を始める子もいそうなので，次のように質問してみることにした。

「(子どもの言葉を聞き間違える)」　**133**

「『この四角形は絶対に内角の和が360°だ』と言える四角形はありますか？」
そして，その四角形（の名前）をノートに書くように指示をする。

少し時間を与えた後で，ノートにかいた四角形を発表してもらうことにする。子どもから最初に出されたのは，「正方形」と「長方形」である。

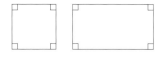

どちらも，「4つの角が全て直角，つまり90°なので，90°×4＝360°になる」という説明である。

「他にもある」と言う子がいる。「平行四辺形」である。

右の図のような平行四辺形ABCDを考えた時，辺ADと辺BCは平行なので，○印の角は錯角で等しいことがわかる。そして，○と△を合わせると直線になるので，△（角A）と○（角B）の和は180°となる。また，角Cと角Dについて

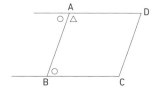

も同じことが言えるので，角C＋角D＝180°となる。よって，平行四辺形の4つの内角の和はいつでも360°になると言えるという説明もできた。（平行四辺形の性質などを使っても説明できるが，このクラスの子ども達は錯角を使った説明で納得した。三角形の内角の和について考える活動の中で，錯角を使った説明が多く登場したからだと思われる。）

これを聞いて，「その説明は，台形でもできる」と言う子がいた。平行四辺形と同様に考えると，右図の○＋△＋●＋▲＝360°になることが説明できるからだ。

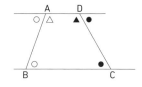

「絶対に内角の和が360°であると言える四角形はありますか？」と尋ねられたことによって，子ども達は自分の知っている四角形を思い浮かべ，その角度について見直してみた。その結果，内角の和が360°であることを説明することができる形があることに気付くと同時に，「四角形の内角の和は360°になりそうだ」という予想に自信を持ち始めたようである。

(2) 子どもの言いたいことを聞き間違える

　続いて，どんな四角形でも内角の和は360°であると言ってよいかどうかを考えてみることにする。

　図①のような四角形を提示して，内角の和が360°になることを説明するために，最初にどんなことをするかを尋ねた。

図①

　すると，「対角線を引く」という答えが返ってきたので，「対角線を引くのですね」と言いながら，図②のように対角線を2本引いてみせた。発言した子はこれを見て，「違うよ。対角線は1本だけでいいんだけど……」とあわてて修正しようとした。そこで，「ごめん，ごめん。君が言っていた対角線というのは，こんなふうに2本引くことではなかったんだね」と，その横に別の図③を改めてかき直す。

図②

　これに対し，「反対向きでもいいんだけどね」と言う子がいるので，図④も並べてかく。

　そして，図②から図④の3つの図を見比べながら，「四角形の内角の和が360°になることを説明するには，どの図が使えそうですか？　1つ選んでごらん」と発問し，少し考える時間をとることにする。子ども達の多くは，「図③でも図④のどちらでもいい」「図②は説明に使えない」といった反応を見せるが，そのうち「あっ，図②でも説明できる」と言う子も出てくる。

図③

　ここで，自分の考えをノートに書かせてみる。机間巡視をしながら，子ども達の考えを把握した後で，黒板のところで説明してもらうことにする。

図④

　まずは，多くの子が書いていた図③（あるいは図④）を取り上げる。「対角線を引くと2つの三角形に分かれる。三角形の内角の和は180°なので，四角形の内角の和は180°×2＝360°」という説明がなされる。

「(子どもの言葉を聞き間違える)」

続いて，図②を使った説明を発表してもらう。

1人目の子は，「三角形が4つできるので180°×4＝720°。これだと対角線が交わったところの角度を多くたしてしまっていることになるので，そこの角度360°を引く。だから，720°－360°＝360°となる（図⑤）」と説明した。

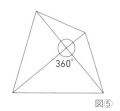

図⑤

この説明を聞いて，「（図⑥のように）四角形の真ん中に点を打って，その点と頂点を直線でつないで4つの三角形に分けてもその説明ができる」と言う子もいる。

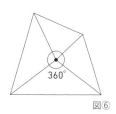

図⑥

これらの説明に他の子達も納得したのだが，Y君が別の説明を考えていたので，みんなで聞くことにする。

Y君は，4つの三角形のそれぞれの外角に着目した。図⑦のように，1つの三角形について見ると，○＋△の角度が対角線の交点のところにあることがわかる。残りの3つの三角形についても同じようにしていくと，四角形の内角は全て対角線の交点の周りに集められることになる。だから，四角形の内角の和は360°になるという説明だ。

図⑦

やや難しい考え方であったが，理解できた時には拍手が起こった。

（3）三角形の数を強調する

ここまでの考え方を振り返り，「四角形を2つの三角形に分ける方法と4つの三角形に分ける方法がありましたね」と整理する。この時に，「2つ」と「4つ」を強調して話し，黒板にも「2つの三角形に分ける」「4つの三角形に分ける」と書き込む。

すると，1人の子が「3つの三角形に分ける方法もあるのかな？」とつぶやいた。期待していた声である。

M君はノートに図⑧のように線を引いていたのだが，ここからどう説明すればよいか，頭を悩ませていたところである。三角形の3つ分から真ん中の交

わった部分を引けばよいと考え，180°×3－360°と計算したのだが，答えが360°にならずに困っていたのである。

これを見た別の子が，「最後に引くのは360°じゃなくて180°だ」ということに気付き，この分け方も使えることがわかった。

図⑧

さらに，図⑨のように3つの三角形に分けても，四角形の内角の和が求められることにも気付いていくことができた。

図⑨

教師自身の言語活動の振り返り

「四角形の内角の和は何度になるだろうか」という問いの前に，「どんな四角形でも，4つの角度をたすと，いつも同じ角度になるのだろうか」という問いがあるはずである。子どもの思考の流れに合わせた教師の問いかけが必要だと考えている。

対角線を引く場面では，子どもの言葉を聞き間違えたふりをして，わざと子どもが言いたいこととは違う線を引いた。これも，「言葉を聞き間違える」という言語に関する活動である。こうすることによって，新たな見方・考え方を引き出すことをねらったものである。Y君のような発想には，こちらも驚かされる。

また，新たな方法を見つけ出すために，「2つ，4つに分割する方法があるのなら，3つに分割する方法も考えられるかもしれない」のような視点をもつ発想の仕方は，別の場面でも使えることが期待できる。子どもが意識していない部分を教師が強調してやることによって，そこにヒントを得て，新たな動きを始めてくれる子が数人でもいてくれたら，その子の気づきをきっかけとしてもう一歩前に進むことができると考える。

「（子どもの言葉を聞き間違える）」

■執筆者一覧（執筆順）

山本良和	筑波大学附属小学校
盛山隆雄	筑波大学附属小学校
毛利元一	東京都教育庁指導部
岡田紘子	お茶の水女子大学附属小学校
千々岩芳朗	福岡県赤村立赤小学校
前田一誠	IPU・環太平洋大学
中村潤一郎	昭和学院小学校
佐藤純一	国立学園小学校
大野桂	筑波大学附属小学校
河内麻衣子	東京都豊島区立高南小学校
江橋直治	国立学園小学校
尾﨑正彦	関西大学初等部
永田美奈子	雙葉小学校
加固希支男	東京学芸大学附属小金井小学校
平川賢	千葉県千葉市立山王小学校
小松信哉	福島大学教職大学院
尾崎伸宏	成蹊小学校
森本隆史	筑波大学附属小学校
山田剛史	東京都墨田区立二葉小学校
工藤克己	青森県東北町立甲地小学校
中田寿幸	筑波大学附属小学校
夏坂哲志	筑波大学附属小学校

■ 全国算数授業研究会

会　　長	山本良和	筑波大学附属小学校
常任理事	大野桂	筑波大学附属小学校
	尾﨑正彦	関西大学初等部
	佐藤純一	国立学園小学校
	盛山隆雄	筑波大学附属小学校
	中田寿幸	筑波大学附属小学校
	夏坂哲志	筑波大学附属小学校
	前田一誠	IPU・環太平洋大学
	毛利元一	東京都教育庁指導部
	森本隆史	筑波大学附属小学校

研究会 Web サイト　https://zensanken.jimdo.com/

算数授業研究シリーズ 28
対話的な算数授業に変える
教師の言語活動

2019（令和元）年 8 月 8 日　初版第 1 刷発行
2020（令和 2）年 3 月 16 日　初版第 3 刷発行

企画・編集：全国算数授業研究会
発 行 者　：錦織圭之介
発 行 所　：株式会社　東洋館出版社
　　　　　　〒 113-0021　東京都文京区本駒込 5 丁目 16 番 7 号
　　　　　　営業部　電話 03-3823-9206　FAX03-3823-9208
　　　　　　編集部　電話 03-3823-9207　FAX03-3823-9209
　　　　　　振替　00180-7-96823
　　　　　　URL　http://www.toyokan.co.jp
カバーデザイン：山之口正和（tobufune）
本文デザイン：宮澤新一（藤原印刷株式会社）
印刷・製本：藤原印刷株式会社

ISBN 978-4-491-03756-1
Printed in Japan

・ JCOPY ＜出版者著作権管理機構 委託出版物＞
本書の無断複写は著作権法上での例外を除き禁じられています。複写される場合
は，そのつど事前に，出版者著作権管理機構（電話 03-5244-5088, FAX 03-
5244-5089, e-mail: info@jcopy.or.jp）の許諾を得てください。

全国算数授業研究会 企画編集の **算数授業研究シリーズ23**

算数授業づくりの "あたりまえ" を問い直す

よりよい授業をつくるために考えておきたい20の質問

教科書の数値を変えていいの？図・式・数直線を絶対にかかないといけないの? etc. 教師が "あたりまえ" だと思って行っていることは、本当に子どもたちのためになっているのか──よい授業をつくるために考えておきたい20の質問から、算数授業づくりの "あたりまえ" を問い直す一冊。

東洋館出版社　がんばる先生を応援します！

〒113-0021 東京都文京区本駒込5丁目16番7号
TEL03-3823-9206　FAX03-3823-9208
http://www.toyokan.co.jp

全国算数授業研究会 企画編集の 算数授業研究シリーズ 24

子どもの学力差に向き合う算数授業のつくり方

計算が苦手、ノートづくりが苦手／自分の考えがもてず友達の意見を聞いてばかり／「活用力が大切」と言うけれど…etc.算数授業における子どもたちの学力差にどう向き合うか？
　低学年・中学年・高学年、計20本の授業実践を通してその具体的手立てに迫る。

学力差はなぜ広がっているのか？
この問題に対して、どのような手立てが必要か？

全国算数授業研究会 企画編集の 算数授業研究シリーズ 25

算数授業アクティブ化ハンドブック

- 第1章　子どもの興味を引きつける導入
- 第2章　子どもが1人で考える時間
- 第3章　考えを深める話合い
- 第4章　定着につながるまとめ
- 第5章　板書・ノートの指導

育てたい子どもの姿をもっているからこそ見える、形式化された『型』ではない、アクティブ・ラーニングの『視点』に立った授業像。問題解決に向かう子どもの様相に焦点を当てた4つの視点で、アクティブな子どもの姿を引き出すポイントが見えてくる実践集。

東洋館出版社　がんばる先生を応援します！
〒113-0021 東京都文京区本駒込5丁目16番7号
TEL03-3823-9206　FAX03-3823-9208
http://www.toyokan.co.jp

全国算数授業研究会 企画編集の 算数授業研究シリーズ 26

算数科 新学習指導要領
改革のキーワードをこう実現する

「資質・能力」「数学的な見方・考え方」など、平成29年度告示の新学習指導要領のキーワードに焦点を当て、それを実現する授業を提案する!

第1章 数学を意識すると何が変わるか
「資質・能力」／「数学的な見方・考え方」
「数学的活動」

第2章 新学習指導要領のキーワードで授業をこう変える
「日常に算数を生かす」／「問題発見の力」
「振り返り」／「学びに向かう力」

第3章 新領域・新内容をこう教える
「図形」／「割合」／「統計」

全国算数授業研究会 企画編集の 算数授業研究シリーズ 27

数学的活動とは何か……。

新学習指導要領での再定義で注目を集める数学的活動。数学的活動は算数的活動とどう違うのか、日常の事象を対象にした問題発見・解決の活動とは何か。「算数の活動」、「算数の活用」の2つの切り口で、数学的活動の正体を探る一冊。

授業改革の二大論点
算数の活動/算数の活用

東洋館出版社 がんばる先生を応援します！

〒113-0021東京都文京区本駒込5丁目16番7号
TEL03-3823-9206 FAX03-3823-9208
http://www.toyokan.co.jp